SPORT
VERLAG

AMIGO É COISA PARA SE GUARDAR
DO LADO ESQUERDO DO PEITO.
ASSIM FALAVA A CANÇÃO DA AMÉRICA.

MILTON NASCIMENTO

Ein Freund ist etwas, was man sich
auf der linken Seite der Brust
bewahren sollte. So sagte es ein
Lied aus Amerika.

KARIN STURM

AYRTON SENNA

SEINE SIEGE – SEIN VERMÄCHTNIS

Sportverlag Berlin

Inhalt

Shell

speedline
SHOWA
Marlboro
Shell
BOSS

Vorwort

von Gerhard Berger

Ich bin ziemlich sicher, daß jeder angehende Rennfahrer sich selber für den größten Piloten aller Zeiten hält und sich denkt: Wenn ich nur im richtigen Auto sitzen könnt', ich würd' allen um die Ohren fahren.

Bei mir war das nicht viel anders.

Im Frühjahr 1983 ist mein Weltbild ziemlich ins Wanken geraten. Bei einem Formel-3-Europameisterschaftslauf bin ich in Silverstone das erste Mal auf Ayrton Senna gestoßen. Es hat geregnet, und im Regen war ich immer sauschnell. Von Senna hatte ich gehört: der absolute Überflieger, das Beste, was je aus Brasilien zu uns gekommen ist, der brennt alles nieder. Ich bin jenseits aller Risikogrenzen gefahren, schneller ging's nicht mehr. In der Trainingsliste stand Senna vor mir, mein Rückstand betrug vier Sekunden. Da hab' ich gemerkt, daß es doch noch schneller geht. Jedenfalls hab' ich vor dem Kerl von Anfang an einen gehörigen Respekt gehabt.

Er war mir von Beginn an sympathisch, und ich ihm offensichtlich auch. Dies hat uns nicht daran gehindert, uns beim Start zu einem Brasilien-GP gegenseitig ins Auto zu fahren. So etwas klärt die Fronten: der andere gehört also auch nicht zu denen, die immer nachgeben. Daß unsere sich anbahnende Freundschaft die gemeinsamen drei McLaren-Jahre nicht nur überstanden, sondern sich gerade erst dann so richtig entwickelt hat, ist für viele vielleicht nicht nachvollziehbar. In der Formel 1 sollte der Teamkollege dein größter Feind sein, der Maßstab: Derjenige, an dessen Schwächen du dich festbeißen mußt. Den du hassen mußt. Ich hab' das nicht zusammengebracht. Ich hab' Ayrton durchleuchtet wie sicher kein anderer, hab' versucht, ihn auszuloten, sein Geheimnis zu ergründen, von ihm zu lernen, und daraus ist seine einzige Freundschaft in der Formel 1 entstanden, und meine einzige.

Solange es um Schnelligkeit, Reflexe, Auge und Mut ging, hatte er mir nichts voraus, die Computer-Ausdrucke bei McLaren haben das gezeigt. Wir haben uns vom ersten gemeinsamen Training an zu neuen Grenzen getrieben. Er ist Bestzeit gefahren, dann bin ich raus und bin wieder neue Bestzeit gefahren. Als mich die Mechaniker zurück in die Box schieben, schau' ich rüber zu ihm: Er blitzt mich durch den Visierschlitz an, verdreht die Augen, als wolle er sagen: du Verrückter, jetzt muß ich noch einmal raus.

Nach dem Training kommt er, den Ausdruck vom Computer in der Hand, zeigt auf eine gerade Linie, die bedeutet, daß ich die Kurve voll am Gas geblieben bin, und sagt: Du spinnst, wenn du dort rausfliegst, bist hin.

Der absolut Furchtlose war er nicht. Er war der perfekteste und der konzentrierteste Rennfahrer, die Gesamtheit von Verstand, Konzentration, Kraft und Speed, gepaart mit einem begnadeten Fahrtalent und der Fähigkeit, in entscheidenden Augenblicken keine Fehler zu machen. Er hatte den absoluten Überblick, wußte alles, konnte alles. Er war einfach zwei, drei Stufen über uns allen. Jemand, der nicht mit ihm zusammengearbeitet und ihn nicht so gut gekannt hat, wird das nicht glauben wollen. Sicher gibt es jetzt noch viele in der Formel 1, die meinen, sie hätten Senna schlagen können. Ich kann dazu nur sagen: Die Armen haben alle keine Ahnung, wie weit sie von ihm weg sind. Ich bin froh, daß ich ihn so kennenlernen durfte, um das beurteilen zu können.

Vom Naturell her war Senna ein extrem fleißiger und ehrgeiziger Bursche, das und seine extremen Fähigkeiten haben ihn vielleicht für manche unnahbar gemacht: ein Übernatürlicher, den man nicht ins Herz schließen kann. Aber er ist im Laufe der Zeit auch lockerer geworden. Zwischen uns hat sich ein herzlicher Schmäh entwickelt, der ihm getaugt hat. Das war etwas völlig Neues für ihn. Über die Streiche, die wir uns gespielt haben, wird Karin Sturm in diesem Buch sicher etwas schreiben – sie war eine der wenigen, denen Ayrton sein Herz geöffnet und manchmal auch sein Leid geklagt hat, wenn z. B. einige Dutzend Frösche in seinem Hotelzimmer herumgehüpft sind.

Josef Leberer, einer der wichtigsten Menschen in Ayrtons Leben, hat mir vom Start in Imola eine Geschichte erzählt. Der Speaker sagte die Startpositionen durch, da gab's Applaus für Senna, und dann großen Applaus für Berger, natürlich wegen Ferrari. Der Sonderapplaus für mich hat Senna richtig erheitert, er hat, so erzählt Josef, bis über beide Ohren gegrinst. So, mit der Vorstellung dieses Grinsens, seiner vielleicht letzten Gemütsäußerung vor dem Unfall, werde ich Ayrton Senna in Erinnerung behalten.

Ich habe von ihm viel über unseren Sport gelernt. Er hat bei mir das Lachen gelernt.

Gerhard Berger

TAGHeuer TAGHeuer
Kronenbourg
Kronenbourg
MILD SEVEN
2

Imola – wen die Götter lieben...

Das Protokoll des letzten Wochenendes

Der 1. Mai in Imola war ein warmer, schöner Tag, gar nicht mehr wie im Frühling, fast schon wie im Sommer. Auch der Abend ist noch warm, auch wenn die Sonne schon seit einiger Zeit hinter den Bäumen in der Tamburello-Kurve verschwunden ist. Die eisige Kälte kommt von innen, von der Begegnung mit der Realität.

Die Spuren auf dem Asphalt, an der Betonmauer – klar, hart, brutal. Sie vernichten die letzte Illusion, daß ein Erwachen aus dem Alptraum möglich ist. Trotzdem: die Stille, die Fassungslosigkeit, die Würde der noch wenigen Menschen, die sich hier getroffen haben, sie machen die Kälte ein bißchen erträglicher... Ein paar Blumen an der Wand, dann auch ein Foto, die ersten Briefe und Grüße, auf alle erreichbaren Zettel und Papierfetzen geschrieben, letzter Abschied von einem Rennfahrer, einem Idol – und einem Freund.

Die letzte Zieldurchfahrt in Imola, am Sonntag, dem 1.5.94, um 14.17 Uhr: Ayrton Senna liegt mit dem Williams-Renault vor seinem großen Konkurrenten 1994, Michael Schumacher.

Imola – 1. Mai, Sonntag abend. Inzwischen ist es ganz dunkel geworden. Die ersten Sterne leuchten, verschwimmen zwischen Tränen, und verschwommene Gedanken werden immer klarer, schärfer denn je, gehen zurück an den Anfang dessen, das immer noch irreal und unfaßbar scheint.

Das fatale Imola-Wochenende beginnt für Ayrton Senna am Donnerstag im Sheraton-Hotel in Padua mit einer Pressekonferenz zur Vorstellung seines neuen Mountain-Bikes, ein Gemeinschaftsprojekt mit der italienischen Firma Carraro – eine lange geplante Sache, eines der vielen neuen Produkte der Marke Senna, dem berühmten »Roten S«. Kaum Formel-1-Journalisten, mehr Lokalprominenz aus Padua und Umgebung. Was aber den wenigen anwesenden Experten auffällt: Senna ist, vor allem am Anfang der Veranstaltung, ungewöhnlich verkrampft, wirkt nervös und angespannt, wird erst ganz allmählich lockerer, versucht dann aber auch Zuversicht zu verbreiten: »Für mich beginnt die WM erst in Imola«, meint er, »mit zwei Rennen Handicap...«

In Padua intern viel diskutiert: die Gerüchte, ob wohl neben Ferrari auch Benetton mit der – verbotenen – Traktionskontrolle gefahren sei und fahre. Kommt ein Teil des Drucks daher, daß er befürchtet, mit unfairen Mitteln bekämpft zu werden?

»Ich kann dazu eigentlich nicht viel sagen«, meint er vorsichtig und gibt dann doch eine Antwort, die wenig und zugleich viel sagt: »Es ist schwierig, über Dinge zu reden, die man nicht beweisen kann.«

Am Freitag vormittag ist er mit dem Williams, der eine überarbeitete Aerodynamik hat, recht zufrieden, am Nachmittag schreckt der Unfall von Rubens Barrichello auf, der in der dritten Schikane über die Randsteine abfliegt, noch über die Reifenstapel, vom Zaun zurückgeschleudert wird und zunächst bewußtlos im Auto hängt. Daß Rubens mit einem gebrochenen Nasenbein und einer Rippenprellung davongekommen ist, wagt direkt nach dem Unfall niemand zu glauben.

Senna ist sehr besorgt, kümmert sich um Barrichello, ist auch im Medical Centre, dem Streckenhospital, kurz bei ihm. Als das abgebrochene Training wieder aufgenommen wird, steigert er seine erste Zeit um fast eine Sekunde, ist am Ende auch mit etwa einer halben Sekunde Vorsprung Schnellster – aber angeschlagen. Als er aus dem Auto steigt, hinten aus der Box kommt, will er eigentlich sein übliche Interview-Runde starten, ist aber sichtlich irritiert. Ein paar Fans, die ihn vom Balkon oberhalb des Williams-Transporters lautstark feiern und aufmuntern wollen, stören zusätzlich. »Zeig' Schumacher hier endlich, wer der Meister ist« und ähnliche Sprüche kommen da. Senna kann offenbar nicht, wie sonst, einfach weghören.

Als RTL-Reporter Kai Ebel ihn nach Rubens Barrichello fragt, fängt er dreimal einen Satz an, verliert immer wieder den Faden. »Sorry, es geht nicht, ich kann so nicht arbeiten. Laßt mich erst ein bißchen zur Ruhe kommen«, stößt er hervor, rennt in den Transporter...

Als er nach einer halben Stunde wiederkommt, hat er sich gefangen: »Aber es war ein ganz verqueres Training heute, der Unfall von Rubens hat von Anfang ganz schlechte Gefühle geschaffen. Er ist ein Freund von mir – ich habe danach keine einzige vernünftige Runde ohne Fehler zustandegebracht«, gibt er zu. »Das Auto war wohl okay, auch wenn ich wegen der ganzen eigenartigen Umstände – die Bedingungen haben sich auch ständig geändert – nicht viel sagen kann. Aber ich war heute nicht perfekt.«

Und dann sagt er den Italienern noch, daß Imola schon eine gefährliche Strecke sei, daß es hier einige Punkte gebe, »die sicherheitsmäßig nicht in Ordnung sind. Aber das ist auf einigen Strecken so...« Und warum die Fahrer nichts dagegen täten? Die Antwort klingt irgendwie resigniert: »Ich bin als einziger Weltmeister übriggeblieben – und ich habe mir oft genug den Mund verbrannt. Im Laufe der Zeit habe ich gelernt, daß es besser ist, sich nicht immer so weit aus dem Fenster zu lehnen...«

Am späten Nachmittag gibt er dem brasilianischen Journalisten Mario Andrade e Silva noch ein kurzes Exklusivinterview, ein bißchen zwischen Tür und Angel, in einer kurzen Pause des Teambriefings, als sein Renningenieur David Brown gerade mal ein paar Minuten neue Daten sammeln geht.

Mario erinnert sich: »Es ging nur um seine Mountain-Bike-Präsentation – weil ich nicht in Padua sein konnte. Wir hatten einen Termin ausgemacht, er hat ihn zweimal verschoben, dann hat er mich 'reingerufen, hat gesagt, entweder wir machen das jetzt ganz schnell, so lange, bis David zurückkommt – »oder gar nicht mehr...« Und so ist es dann auch gelaufen. Als David zurückkam, hat er sich sofort wieder mit ihm in kleinste technische Details vertieft... Das war nach sechs Uhr – und ich hatte das Gefühl, die sind noch nicht zur Hälfte mit ihrem Briefing durch.«

Tatsächlich bleibt Senna bis abends nach 20 Uhr an der Strecke, arbeitet unglaublich intensiv. Er weiß genau: Imola muß die WM-Wende bringen.

Am Samstag mittag kommt Rubens Barrichello aus dem Krankenhaus an die Strecke zurück. Die Zähne ein bißchen lädiert, die Nase geschwollen, den rechten Arm verbunden – »ist aber nichts gebrochen« – lächelnd, aber trotzdem nachdenklich:

Präsentation in Padua: Senna stellt sein letztes Geschäftsprojekt vor – ein eigenes Mountain-Bike!

»Ich weiß, wieviel Glück ich gehabt habe. Ich bin froh, daß ich lebe…« Und er bedankt sich ausdrücklich bei Senna: »Er ist ein echter Freund. Es war toll, wie er sich um mich gekümmert hat, auch am Freitag abend hat er sich noch mal erkundigt, wie's mir geht…«

Am Samstag schlägt das Unheil zum erstenmal zu. Als Roland Ratzenberger in der Villeneuve-Kurve bei Tempo 314,9 – so die letzte Lichtschrankenmessung – der Frontflügel am Simtek wegbricht, hat der Österreicher keine Chance. Die Fernsehbilder sind brutal – und lassen von Anfang an keinen Raum für Hoffnung. Die Formel 1 hält den Atem an. Viele verkriechen sich, Senna sucht die direkte Konfrontation mit der Härte der Realität – wie 1990 bei Donelly, wie am Vortag bei Barrichello. Er fährt zur Unfallstelle hinaus, um sich selbst ein Bild zu machen, sieht dann Ratzenberger auch noch ganz kurz vor dem Abtransport mit dem Helikopter vom Medical Centre nach Bologna.

Als Ayrton an die Box zurückkommt, ist er völlig erschüttert, stürzt in den Transporter, zieht sich sofort um. Kein Gedanke mehr an Weiterfahren, auch wenn Frank Williams ihn kurz danach fragt: »Aber eigentlich mehr pro forma…«

Auch Damon Hill will nicht mehr, wie auch die Fahrer von Sauber und Benetton. Michael Schumacher ist tief betroffen, J. J. Lehto weint: »Ich bin mit Roland noch von Monaco mit dem Auto hierher gekommen.«

Heinz-Harald Frentzen, der mit Ratzenberger in Japan viel gemeinsam unternommen hat, will sofort ins Hotel zurück: »Ich möchte mit keinem reden müssen.«

Auch Senna zieht sich völlig zurück. Er rennt noch die paar Meter vom Transporter ins Motorhome – mit einem unbeschreiblichen Ausdruck in den Augen, nichts um sich wahrnehmend. »Er hat den ganzen Tag praktisch mit niemandem gesprochen«, hört man später, seine Gefühle will er offenbar mit sich ganz allein ausmachen.

Abends geht er kurz vor halb sechs – und niemand wagt ihm nahezukommen – er hat noch immer diese Aura absoluter Isolation und Unnahbarkeit um sich.

Abends, beim Essen, fragt er seinen österreichischen Fitneßbetreuer und Freund Josef Leberer, der an diesem Samstag Geburtstag hat, nach Ratzenberger. »Wo er herkam, wie er war, was für ein Mensch. Er hatte ihn ja kaum gekannt…« Josef denkt daran, eine österreichische Flagge zu besorgen. »Wenn Ayrton am Sonntag aufs Treppchen kommt, gebe ich sie ihm, habe ich mir gedacht. Er hätte sie sicher gern mit hochnehmen wollen – Roland zu Ehren…«

Trainingstage in Imola – die Stimmung ist das ganze Wochenende eigenartig, durch die Unfälle gedrückt...

Am Abend ruft Senna auch seine Freundin Adriane an, die nicht nach Imola mitgekommen ist, und sagt: »Ich habe ein ganz schlechtes Gefühl für dieses Rennen, ich würde am liebsten gar nicht fahren...« Sätze, die Adrianes Mutter später im brasilianischen Fernsehen öffentlich macht.

Als Senna am Sonntagmorgen gegen halb neun ins Fahrerlager kommt, sieht man ihm die Anspannung deutlich an, aber im Gegensatz zum Samstag ist er doch schon wieder etwas offener, registriert seine Umgebung wieder, da und dort ein kurzer Gruß... Niki Lauda redet mindestens zehn Minuten auf ihn ein, fordert ihn auf, endlich etwas in Sachen Sicherheit zu tun, die Führung der Fahrer zu übernehmen...

Als er zum Warm-up ins Auto steigt, wirkt er sehr entschlossen. Die Art, wie er sich bewegt, einsteigt, wegfährt, auch wieder an die Box kommt, das wirkt, als wolle er die ganze Trauer und Wut, die noch in seinem Gesicht geschrieben steht, in Power, in eine positive Form von Aggression umsetzen. Zum erstenmal seit Freitag morgen ist er wieder eine Sekunde schneller als der Rest der Welt.

Seine Pressesprecherin Betise Assumpçao bestätigt während dieser halben Stunde eine Geschichte, die als Gerücht die Runde macht: Senna hatte am Samstag nachmittag von den Sportkommissaren, den »Stewarts of the Meeting«, eine schriftliche Abmahnung bekommen. Er habe am Unfallort Roland Ratzenbergers nichts zu suchen gehabt, er solle eine Erklärung abgeben, was er da gewollt habe. Schließlich sei er kein Sicherheitsbeauftragter, es sei nicht seine Aufgabe, sich um solche Dinge zu kümmern... Betise ist richtig sauer: »Unglaublich. Dabei ist er sogar mit einem Streckensicherungs-Fahrzeug ganz offiziell rausgefahren... Aber die wollen ihn nur einschüchtern...« Und dann rutscht ihr heraus: »Aber das geht doch schon die ganze Zeit so, diese Bewährungsstrafe wegen der Irvine-Geschichte, das haben die doch nur gemacht, weil sie ihn unter Druck setzen wollten, weil sie wußten, daß er was machen wollte in Richtung Fahrergewerkschaft...«

Während des Warm-ups schickt Senna über den Williams-Boxenfunk Alain Prost, der zum erstenmal in diesem Jahr bei einem Grand Prix auftaucht, einen kurzen Gruß: »Hallo, mein Freund, ich vermisse dich...«

Die beiden alten Rivalen sitzen an diesem Sonntag morgen auch bei einem kurzen Frühstück zusammen. »Zum erstenmal seid ganz langer Zeit haben wir richtig normal miteinander geredet, einige Differenzen, die es zwischen uns gab, aus der Welt geschafft«, wird sich Prost später erinnern...

Im Fahrerbriefing weist Senna noch einmal darauf hin, daß die Einführungsrunde hinter einem Pace-car in Aida absoluter Blödsinn gewesen sei, »erhöhtes Risiko, zu langsam, dadurch hatten alle am Start zu kalte Reifen und Bremsen«. Eindringlich fordert er, dafür zu sorgen, daß das in Zukuft nicht mehr passiert. Nach dem Briefing sucht er das Gespräch mit den Kollegen über die Sicherheit. Mit Michael Schumacher, Gerhard Berger, Michele Alboreto... Man vereinbart, am Freitag in Monte Carlo ein Meeting mit allen Fahrern über Sicherheitsfragen abzuhalten. Die Atmosphäre zwischen den Fahrern ist entspannt. Michael Schumacher sagt

An der Unfallstelle von Roland Ratzenberger: Senna will sich aus erster Hand informieren, die Wahrheit wissen. ▷

NACIONAL
Rothmans
DOCTOR

später: »Ich bin froh, daß wir uns in letzter Zeit wieder nähergekommen sind, daß auch dieses letzte Gespräch in freundschaftlicher Stimmung stattgefunden hat.«

Die Suche nach Harmonie, schon in der ganzen letzten Zeit – im Nachhinein wird sie auffällig: Schon seit dem Brasilien-GP sucht er deutlich immer wieder Kontakt zu Michael Schumacher, betont, daß es da keine Feindschaft gebe. Auf dem Rückflug von Aida, in der British Airways von Osaka nach London, geht er am Montag nach dem Pazifik-GP auf Mika Häkkinen zu, klopft seinem letztjährigen McLaren-Teamkollegen freundschaftlich auf die Schulter, quasi eine vorsichtige Entschuldigung seinerseits...

Am Sonntag im Rennen hatte ihn der Finne in der ersten Kurve ungestüm abgeschossen, Senna war verständlicherweise sehr verärgert gewesen, hatte auf Mikas Entschuldigungsangebot wohl sehr patzig bis etwas ausfallend reagiert – was ihm dann später schon wieder leid tat. Die Emotionen – ein Thema, das sich durchzieht...

Und auch ein Gespräch von Anfang März paßt in diese Suche nach der Harmonie: In Le Castellet, Ende Februar, haben wir über 1984, sein erstes Jahr in der Formel 1, geredet, und ich hatte ihm erzählt, daß Johnny Cecotto, der damals bei Toleman sein Teamkollege war, ihm immer noch nicht verzeihen kann, daß er sich damals, nach seinem Unfall in Brands Hatch, nie bei ihm gemeldet hatte. Und er hat einen Moment nachgedacht, wie er das so oft zu tun pflegte, wenn ihm eine Antwort wichtig war, und hat dann gesagt: »Ja, das kann ich aus seiner Sicht verstehen... Das war ein Fehler von mir. Der Unfall hat mich selbst damals unheimlich beschäftigt – aber ich habe wohl einfach nicht daran gedacht, daß es für Johnny so einen Unterschied machen würde, wenn ich mich bei ihm gemeldet hätte... Sorry – aber man macht nicht immer alles richtig.«

Das Eigenartige an der Geschichte war dann noch, daß ich ausgerechnet auf dem Rückweg von Le Castellet, im Flugzeug von Marseille nach München, Johnny Cecotto traf. Aber es ergab sich damals leider keine Gelegenheit, ihm die Sache zur erzählen...

Kurz vor halb zwei, bevor er zum letztenmal ins Auto steigt, steht er lange in der Box, leicht auf den Heckflügel des Williams gestützt, verlorener Blick, Emotionen spiegeln sich in seinem Gesicht. Das ist nicht die normale, ruhige Konzentrationsphase, wie man sie kennt. In der Startaufstellung nimmt er, was er sehr selten tut, noch einmal den Helm ab. Auch hier: Emotionen, Anspannung, viel Verkrampfung im Gesicht. Anders als sonst, einfach anders – vor allem, wenn man jetzt die Bilder sieht. Nur einmal, als sein Freund Gerhard Berger als Ferrari-Pilot bei der Fahrervorstellung durch den Streckensprecher mit Abstand den meisten Applaus bekommt, lacht er herzlich... Später, als Williams-Konstrukteur Patrick Head kurz mit ihm spricht, noch einmal die Andeutung eines Lächelns... Als er zum letztenmal den Helm aufsetzt, ist es schon lange wieder weg.

Den Start gewinnt er, dann kommt das Pace-Car wegen der Lehto-Lamy-Kollision, die Wieder-Freigabe, der Unfall, in Führung liegend, dabei, sich einen Vorsprung zu sichern, auf dem Weg zu dem, was ihm so wichtig ist:

David Coulthard

Williams-Renault-Testpilot, Nachfolger (23 Jahre)

Der Verlust von Ayrton Senna ist unvorstellbar groß – sowohl für den Sport als auch für alle, die ihn kannten. Ayrton ist unersetzlich. Für viele, für die er ein Vorbild war, ist das ein furchtbarer Schock, weil wir alle irgendwie geglaubt haben, er sei unsterblich. Wenn jemandem etwas passieren würde, dann doch nicht Ayrton...

Es wird sehr lange dauern, bis irgendjemand – auch Michael Schumacher – Ayrtons Format erreichen kann.

Ich habe ihn erst in diesem Jahr kennengelernt, als er zu Williams kam, und ich begann, als Testfahrer mit ihm zusammen zu arbeiten. Er hat mich durch seine Freundlichkeit und Großzügigkeit überrascht. Ayrtons öffentliches Image wich von der Art ab, wie er war, wenn man ihm persönlich begegnete. Er war ein sehr scheuer Mensch, aber einer, mit dem man sehr schnell warm werden konnte. Ich bin nur unendlich traurig, daß ich unsere Freundschaft nicht noch weiter und länger ausbauen konnte. Er war so ein außergewöhnlicher Mensch.

Er hat etwas für mich getan, was mich sehr berührt hat. Am Sonntag morgen des San Marino Grand Prix fuhr ich in Silverstone ein Qualifikationstraining für ein Formel-3000-Rennen. Ich bekam ein Fax von Williams, das fast alle Team-Mitglieder unterschrieben hatten. Ayrton hatte mir eine kurze Botschaft draufgeschrieben: »Alles Gute für Dich, Ayrton Senna '94«. Das mußte er nicht – es zeigt, daß er sich für andere interessiert hat, sich gekümmert hat. Es war für mich eine sehr bewegende Geste, die viel darüber aussagt, was für ein Mensch Ayrton war.

Im Moment sieht es schon so aus, als gebe es in der Formel 1 einige hoffnungsvolle junge Fahrer. Aber keiner von ihnen wird Ayrton Senna je ersetzen können, einen der größten Champions, die es im Motorsport je gab. Ich werde ihn nie vergessen, ihn und den kurzen, aber tiefen Einfluß, den er auf mein Leben hatte. Und ich bin sicher, daß unzählige Menschen auf der ganzen Welt genauso fühlen.

Die letzten Minuten vor dem Start: Nur Anspannung und Emotionen im Gesicht – so verkrampft wirkte Ayrton vor einem Start noch nie. ▷

elf

Siegen. Tamburello, Schicksalsplatz? Es ist 14.17 Uhr, als der Williams in der leichten Linkskurve plötzlich nach rechts ausbricht, geradeaus in die Mauer fliegt, ein brutaler Aufschlag, dann zurückgeschleudert wird, liegenbleibt. Entsetzen, die ganz kurze Hoffnung, als sich der gelbe Helm im Cockpit noch einmal zu bewegen scheint, und dann das langsame Erkennen der wahrscheinlichen Realität. Ärzte, Blut, Helikopter, die Klinik in Bologna, die Nachrichten von den schwersten Kopfverletzungen, die auch die letzten Illusionen jäh zerstören. Dazwischen Gedankenfetzen, Erinnerungen an ein sehr persönliches Gespräch, in dem durchschimmerte, daß es für ihn wohl noch Schlimmeres geben könne, als zu sterben, eventuell mit einer schweren Behinderung dahinvegetieren zu müssen, nicht mehr wirklich leben zu können…

Den offiziellen Todeszeitpunkt gibt das Maggiore-Krankenhaus mit 18.40 Uhr an.

Was bleibt, sind Leere, Fragen und Wut. Wut auf die gnadenlose Taktlosigkeit von FOCA-Chef Bernie Ecclestone, der schon zehn Minuten nach dem Unfall kalt zu Leonardo, Sennas jüngerem Bruder, sagt: »Tut mir leid, er ist tot, aber wir werden das erst nach Ende des Rennens bekanntgeben« und dabei seelenruhig an seinem Apfel weiterkaut…

Bernies späterer Entschuldigungsversuch, es habe da ein Mißverständnis gegeben, einen falsch verstandenen englischen Funkspruch von GP-Arzt Dr. Sid Watkins, wo aus einem »It's his head« ein »He is dead« geworden sei, ist mehr als lahm und eher noch

Die brutale Realität in der Tamburello-Kurve: Die Ärzte und Helfer, die sich um Senna bemühen, ahnen schon, daß er keine Chance haben wird. Die Kopfverletzungen sind zu schwer.

118
DOCTOR
Rothmans
DOCTOR

Frank Williams

Teamchef

Williams Grand Prix Engineering ist eine große Familie. Auch wenn Ayrton erst am Anfang dieser Saison zu uns gekommen ist, hat zwischen ihm und mir schon seit langem eine besondere Beziehung bestanden. Das erste Formel-1-Auto, das er je gefahren ist, war ein Williams – und darauf bin ich stolz.
Er hat sich hundertprozentig für uns eingesetzt – und umgekehrt war es genauso. Er liebte den Rennsport mehr als alles andere – und er teilte diese Leidenschaft mit allen Mitgliedern unseres Teams. Wir sind als Formel-1-Team fest in diesem Sport verwurzelt und wir werden weitermachen: Ich bin sicher, daß Ayrton das so gewollt hätte. In sehr kurzer Zeit ist er eine Schlüsselfigur unseres Teams geworden, und ich hoffe, daß das, was wir in der Zukunft erreichen werden, sein Andenken ehren wird.
Sein Tod ist ein irreparabler Verlust. Alle, die ihm, auf welcher Ebene auch immer, ein bißchen näher waren, wissen, daß sie einen außergewöhlichen Menschen verloren haben. Die Mitglieder unseres Teams werden ein Bild von Ayrton im Gedächtnis behalten, das von Respekt, Bewunderung und Zuneigung geprägt ist.
Seinen Eltern Milton und Neide, seiner Schwester Viviane und ihren Kindern, seinem jüngeren Bruder Leonardo und seinen zahlreichen Freunden in der ganzen Welt gilt unser tiefes Mitgefühl. Aber unsere Sympathie ist auch bei all denen, ob aus der Motorsportwelt oder nicht, die Ayrtons Weg immer mit Interesse und Leidenschaft verfolgt haben.

peinlicher – weil sich ja an seinem grundsätzlichen Verhalten überhaupt nichts ändert. Die Familie Senna beweist Stil und Konsequenz: Man läßt Ecclestone später wissen, daß er beim Begräbnis in São Paulo unerwünscht sei.

Unweigerlich stellt sich die Frage nach der Menschenverachtung von Verantwortlichen, die es zulassen, daß ein Rennen wie dieses trotz allem bis zum Ende durchgepeitscht wird, nicht nur, nachdem man bereits wußte, daß Senna keine Chance hat, sondern selbst noch nach einem weiteren Unfall in der Boxenstraße, bei dem vier Mechaniker verletzt wurden. Ob die Verletzten dort ordentlich versorgt werden können oder nicht – Hauptsache, die Show geht weiter…

Die Frage nach der Unfallursache, auch nach der Sicherheit von Autos, deren Aerodynamik heute »schon nicht mehr funktioniert, wenn sich ein Staubkorn auf den Flügel legt«, wie es Karl Wendlinger in Aida zwei Wochen zuvor in anderem Zusammenhang drastisch formuliert hatte.

Die Vermutung, daß am Williams etwas passiert sein muß, steht sofort im Raum. Von Niki Lauda über Gerhard Berger bis Jackie Stewart sind sich die Experten einig: »An dieser Stelle macht man keinen Fahrfehler. Die Kurve geht voll – da gibt es nichts falsch zu machen.«

Theorien gibt es einige, aber ob die Ursache wirklich jemals voll aufgeklärt werden wird, ist fraglich. »Wenn in der Tamburello-Kurve am Frontflügel nur eine Kleinigkeit bricht, verliert man bei den dortigen Geschwindigkeiten, bei Kräften von 4,5 g auf einen Schlag 500 Kilo Abtrieb«, hat Ligier-Konstrukteur Gerard Ducarouge berechnet – ein grundsätzliches Problem der heutigen Autos.

In der Woche vor Imola waren aus dem Williams-Testteam einige interne Stimmen zu hören gewesen, die hatten verlauten lassen, unter dem Druck der Benetton-Erfolge in den ersten zwei Rennen werde im Moment »ein bißchen viel auf einmal probiert, improvisiert…« Der Williams hatte in Imola eine aerodynamisch komplett überarbeitete Frontpartie…

In England deutet Williams-Konstrukteur Patrick Head sehr schnell an, man habe an den Telemetrie-Aufzeichnungen gesehen, daß Senna kurz vom Gas gegangen sei, und dadurch sei das Auto wohl instabil geworden… Und er unterstellt damit: »Fahrfehler!« Williams und auch Head dementieren diese Aussagen später heftig – sie machen ja auch, zumindest allein, nicht viel Sinn.

Hierzu ein kurzer Auffrischungsunterricht in Sachen Physik: Wenn man vom Gas geht, gibt es einen Lastwechsel nach vorn, dadurch bekommt ein Auto vorne sogar kurzfristig mehr Abtrieb – und wenn in disem Stadium etwas passiert, bricht eher das Heck aus, aber ein Auto schert nicht in einer Linkskurve nach rechts aus.

Honda-Ingenieure, die lange mit Senna zusammengearbeitet haben, sind überzeugt: »Wenn er vom Gas gegangen ist, dann, weil er schon gemerkt hat, daß etwas am Auto nicht stimmt. Er hatte so viel Gefühl, war wie ein lebender Sensor.«

Was sie auch glauben: Das immer wieder beschriebene mehrmalige heftige Aufsetzen des Williams auch schon in der Runde zuvor, von dem dahinter fahrenden Michael Schumacher als mögliche Unfallursache ausgemacht, war normal, einkalkuliert: »… denn sonst hätte Ayrton reagiert, auch, wenn sich zum Beispiel ein Reifenschaden angebahnt hätte… Oder wenn das Auto durch die lange Pace-Car-Phase, vielleicht dadurch falschen Reifendruck, anders gelegen hätte… Er war so sensibilisiert für solche Dinge. Er muß plötzlich von etwas überrascht worden sein.«

In Italien tauchen Fotos und Amateurfilme auf, die angeblich auf einen Aufhängungsdefekt hindeuten. Andere glauben: vielleicht die Lenkung, ein Verdacht, der immer wahrscheinlicher wurde.

Die große Frage, die sich bei allen

Zweifeln stellt: Wie sicher oder unsicher ist die Strecke von Imola? Natürlich kann man nicht überall alles verändern – aber nicht einmal 10 Meter Asphalt- oder Gras-Auslaufzonen und Betonmauern in 300-Stundenkilometer-Kurven? Das Argument, man hätte dort eigentlich keinen Unfall erwartet, weil die Kurve nicht kritisch sei, von Ferrari-Pilot Nicola Larini nach dem Unfall von Roland Ratzenberger vorgebracht, mag ja für die Villeneuve-Kurve noch gelten – aber für Tamburello, für den Senna-Unfall – nach den Horror-Crashs von Piquet '87, Berger '89 und dem Testunfall von Michele Alboreto 1991 an der gleichen Stelle?

Und wer trägt die Schuld? Gegen die Streckenverantwortlichen von Imola wurde ein Verfahren eingeleitet – aber abgenommen hat den Kurs der FIA-Sicherheitschef Roland Bruynseraede. Und die Fahrer – einschließlich Senna – haben auch nie wirklich protestiert, nicht zuletzt in Sicherheit gewiegt durch Jahre des Glücks in der Formel 1, in denen nichts Gravierendes passierte...

Was aber vor allem bleibt, über allen Fragen, Untersuchungen und Anklagen, sind die Erinnerungen, die Gefühle. Die Menschenmengen schon in Bologna am Montag und Dienstag, das Blumen- und Fahnenmeer, die Trauer und Fassungslosigkeit in so vielen Gesichtern, die Versuche, sich gegenseitig zu trösten, sich auch zu helfen, zu begreifen.

Bemerkenswert die weltweiten Reaktionen, auch aus Kreisen, die mit der Formel 1 normalerweise überhaupt nichts zu tun haben, die allgemeine Erschütterung. »Seit dem Mord an John F. Kennedy kann ich mich nicht mehr daran erinnern, daß der Tod eines Menschen so viel Bestürzung ausgelöst hat«, sagt der Journalist Dieter Stappert, der vor einigen Jahren regelmäßig die Formel 1 begleitete...

Da ist das Staatsbegräbnis in São Paulo – bei dem Michael Schumacher fehlt, was nicht nur in Brasilien sehr wenig Verständnis findet – , die Millionen von Menschen auf den Straßen, die unbeschreibliche Trauer, ein ganzes Land, das tagelang um seinen Helden weint, und in dem die Regierung öffentlich Aufklärung über die Umstände des Unfalls fordert. Dann die Meldung, die um die Welt geht: daß Senna seine hohen Lebensversicherungen zugunsten der Straßenkinder São Paulos abgeschlossen habe. Wer ihn ein bißchen besser kannte, ist nicht besonders überrascht...

Am Grab sagt seine Schwester Viviane: »Gott hat Ayrton eine Mission gegeben. Die Menschen kümmern sich nicht mehr umeinander, leben nebeneinander her. Vor allem hier in Brasilien. Er hat sie geeint – auch noch durch seinen Tod.«

Aus dem Familienkreis kommt die Nachricht, daß alles, was Ayrton sich in den letzten Jahren neben seiner Rennkarriere aufgebaut hat, das gesamte Wirtschaftsunternehmen, in seinem Sinne weitergeführt werden solle, und zwar von seinem Vater, seinem Cousin Fabio Machado, schon zuvor Geschäftsführer bei »Ayrton Senna Promoçoes« in São Paulo, und von Julian Jakobi, der seit zwei Jahren das Londoner Senna-Büro leitet. Es wird eine Stiftung eingerichtet werden, die »Ayrton Senna Foundation«, in die auch viele Unternehmensgewinne fließen sollen – für wohltätige Zwecke.

Die Erinnerung soll leben, der Mythos wird jetzt erst recht entstehen. »Im Prinzip hat er – natürlich viel zu früh – das erreicht, was er immer wollte: Unsterblichkeit«, sagt Mercedes-VIP-Betreuer Gerd Krämer, einer der engsten Senna-Freunde. Wir nannten ihn »Magic« – der Zauber wird nicht vergehen...

Die rote Flagge von Imola – Ende eines Traums, aber nur Unterbrechung einer Show, die weitergehen muß...

Der letzte Winter, der ein Sommer war

Glück, Hoffnung und Zuversicht

Es war ein beliebtes Spiel: Man fragte Ayrton Senna nach seinem Winterurlaub in Brasilien, und er konterte: »Winter? Du meinst wohl Sommer!« Klar, der europäische Winter, das ist der Sommer in Brasilien.

Der Winter 93/94 bringt ihm weniger Urlaub als sonst üblich, ist aber für ihn trotzdem einer seiner glücklichsten. Mit dem Williams-Vertrag in der Tasche, voller Hoffnung auf eine tolle Saison, kann ihn selbst die FIA mit ihrer Bewährungsstrafe wegen seiner Attacke auf Eddie Irvine nicht aus der Ruhe bringen. Mitte Dezember kommt er zu einem Go-Kart-Meeting nach Paris-Bercy, einer Wohltätigkeitsveranstaltung, die Philippe Streiff organisiert hat – jener französische Ex-Formel-1-Pilot, der seit einem Testunfall in Brasilien 1989 querschnittsgelähmt ist.

Senna kümmert sich höchstpersönlich darum, ein paar Differenzen zwischen Sponsoren auszuräumen, um seinen Start in Bercy möglich zu machen. Ein noch bis Ende des Jahres laufender Vertrag mit einer Benzinfirma – über McLaren – kollidiert mit dem Hauptsponsor von Bercy. Schließlich einigt man sich darauf, daß er mit einem neutralen, weißen Kart fahren darf.

An diesen zwei Tagen in Paris ist er so locker und entspannt, wie man ihn selten öffentlich gesehen hat. Seine Freundin Adriane immer neben sich, erzählt er lachend, daß er sich eines dieser speziellen Karts, mit denen hier gefahren wird, zum Trainieren nach Brasilien habe schicken lassen. »Aber leider ist es so spät angekommen, daß ich kaum noch Zeit gehabt habe.«

Ehrgeiz beim Fahren entwickelt er natürlich – da steckt das »Bei allem der Beste sein wollen«, das selbst Gerhard Bergers Tochter Christina bei gemeinsamen Bootsferien schon an Senna festgestellt hat, viel zu tief drin. Aber als er immer wieder Pech hat, auch beim großen Finale, an zweiter Stelle liegend, gerade zum Angriff blasend, mit einem Defekt ausscheidet, kann er darüber flachsen: »Besser hier als nächstes Jahr im Williams…«

1994 – das soll sein Jahr werden. Das wird sein Jahr werden, darüber sind sich die Experten einig. Das Ziel kann nur heißen: Der vierte WM-Titel – und es scheint greifbar nahe. Senna und Williams, der beste Fahrer im besten Auto – was soll da schon schiefgehen! Und auch Ayrton selbst glaubt an sein großes Jahr, auch wenn er öffentlich immer abwiegelt: »Durch das neue Reglement, das Elektronikverbot, werden die Karten sicher neu gemischt werden«, erklärt

Der Blick auf den Monitor soll 1994 nur Bestzeiten anzeigen: Senna ist für alle der klare WM-Favorit dieses Jahres.

elf

er im Januar bei der offiziellen Teampräsentation in Estoril. »Williams wird davon sicher stärker betroffen sein als andere, alles wird näher zusammenrücken, es wird an der Spitze enger werden. Ich sehe mich nicht als alleinigen Top-Favoriten.«

Die Feststellung, daß die Autos technisch näher zusammenrücken werden, trifft er immer wieder. Im privaten Kreis fügt er allerdings mit leichtem Lächeln hinzu: »Das muß sich ja nicht unbedingt in den Ergebnissen widerspiegeln…«

Es ist zu spüren, daß er vor Selbstvertrauen strotzt. Er scheint alle Möglichkeiten in den Händen zu haben, seinen Traum zu verwirklichen, allen ein für allemal zu zeigen, wie gut er wirklich ist. Auch darin sieht er seine neue Herausforderung und Motivation, genauso wie in der neuen Umgebung, der Arbeit mit einem neuen Team nach sechs Jahren bei McLaren.

Im Go-Kart fühlt sich Ayrton Senna immer noch zu Hause – in Paris-Bercy hat er dabei eine Menge Spaß.

Angst vor den hohen Erwartungen? »Eigentlich nicht; denn ich bin unglaublich motiviert, gerade durch diesen Wechsel. Ich brauchte eine neue Umgebung… Und wenn ich motiviert bin, dann sind die Erwartungen der Leute zwar eine gewisse Belastung, aber ich weiß, daß ich es schaffen kann, daß Williams und Renault ihren Beitrag leisten werden. Es ist nur die Frage, den richtigen Weg der Zusammenarbeit zu finden. Aber dann sollte es klappen. Wie gesagt, für mich war dieser Wechsel ein sehr wichtiger Schritt. Das ganze Team ist anders, die Leute, die Strukturen, ein anderer Motorenhersteller, andere Sponsoren. Alles ist neu, ist anders. Und ich muß lernen, muß mich anpassen. Denn ich glaube, daß das der richtige Weg ist: daß ich mich an das Team anpasse, nicht erwarte, daß sie sich an mich anpassen, weil ich dreifacher Weltmeister bin oder so. Ich bin einer, sie sind zweihundert. Also muß ich mich anpassen. Ich muß lernen, ihre Arbeitsweise zu verstehen, das aufnehmen, was bei ihnen gut ist – und vielleicht kann ich mit meiner Erfahrung von McLaren auch noch einige Vorschläge zu Dingen machen, die noch nicht optimal sind«, sagt er in seiner typischen Art, sich auszudrücken, Dinge aneinanderzureihen, zur Betonung Wiederholungen einzubauen, bewußt die gleichen Worte mehrfach zu verwenden. Das ist sein Stil – in allen Sprachen, ob auf Portugiesisch, Englisch oder Italienisch…

Wie schnell er Williams im Griff hat, ist selbst mit dieser positiven Einstellung erstaunlich. Spätestens beim ersten großen Test mit dem neuen Auto Ende Februar wird deutlich: Williams ist bereits jetzt ein »Team Senna«. Damon Hill, immerhin Engländer und schon mit älteren »Hausrechten« bedacht, spielt bald nur noch eine untergeordnete Rolle. Es ist die Präzision seiner Aussagen, die die Techniker begeistert, aber auch seine Motivation, seine sichtbare Begeisterung, sich wieder in die Arbeit zu stürzen. Und auch die Art, mit Menschen umzugehen, jedem, auch dem kleinsten Mechaniker, das Gefühl von Anerkennung und Wichtigkeit zu geben. Senna beherrscht das, ohne daß es gekünstelt und beabsichtigt wirkt. Es kommt von innen – und es kommt an. Als er im April, nach dem Rennen in Aida, selbst zur bei Williams üblichen »Dienstags-Besprechung« nach einem Grand Prix ins Werk nach Didcot kommt, sind die Mitarbeiter begeistert: »Das haben Alain Prost oder Nigel Mansell nie gemacht.«

In Portugal im Januar ist es noch ein gewisses Abtasten, aber er ist sich sicher, daß er auch bei Williams echte Freunde finden wird, Freunde wie bei McLaren zum Beispiel Jo Ramirez, den Team-Manager. »Ich habe in meinen frühren Teams immer wieder solche Leute gefunden, bei Toleman, bei Lotus, bei McLaren. Warum also nicht bei Williams?«

Einen seiner engsten Vertrauten nimmt er aber zur Sicherheit schon mal mit: Josef Leberer, seinen österreichischen Fitneßbetreuer, der sich seit 1988 bei McLaren um ihn kümmert, seinen Vertrag aber immer mit dem Team hatte. Josef überlegt seit Oktober '93, was er tun soll. Mit Senna mitgehen, der ihn mehrfach darum gebeten hat, oder bei McLaren bleiben, wo er sich eigentlich auch sehr wohl fühlt, wo er anerkannt ist, wo man ihn auch unbedingt halten will? Ein bißchen eine Entscheidung zwischen Herz und Hirn, zwischen Gefühl und Verstand, wie er einmal sebst meint. Erst im Januar – nachdem Senna ihn noch ein paarmal zu Hause in Salzburg angerufen hat – entscheidet er sich für die persönliche Bindung und geht mit. Allerdings

So locker und gelöst wie in Bercy präsentierte er sich selten in der Öffentlichkeit – es ist auch die Hoffnung auf ein tolles Jahr.

wieder offiziell als Teambetreuer, also nicht nur für Senna, sondern auch für Damon Hill zuständig. Nach Estoril kommt er mit schlechtem Gewissen: »Ich habe bei McLaren noch nicht einmal mit Ron Dennis selbst gesprochen, ihm gesagt, daß ich gehe.«

Von McLaren zu Williams – das ist auch ein Wechsel des Zigarettensponsors. Als Senna Josef in Estoril mit einem Glimmstengel in der Hand vor dem Williams-Motorhome in der Sonne sitzen sieht, flachst er ihn gleich an: »Hast du auch schon schön brav die Marke gewechselt?«

Die Stimmung ist gelöst in diesem Winter, bei allen Tests, bei allen Auftritten. Durch die neue Motivation, die neue Zuversicht wirkt Ayrton wieder viel jünger als 1992 und 1993. »Obwohl ich erst 33 bin, bin ich jetzt seit zehn Jahren in der Formel 1«, sagt er, »und da wird es manchmal schon etwas ermüdend. Nicht physisch, aber psychisch, mental. Durch den ständigen Druck, immer optimale Leistung bringen, die Erwartung, gewinnen zu müssen. Das laugt dich aus. Ich glaube, ich bin jetzt an einem Punkt, an dem ich so viel wie möglich ändern mußte, um wieder motiviert und damit auch erfolgreich zu sein. Ich denke, von nun an wird für mich der Schlüssel zum Erfolg in erster Linie sein, mich selbst richtig zu motivieren. Denn ich weiß, daß ich die Erfahrung, das technische Wissen und auch das Talent habe, um Erfolg zu haben. Also ist die Motivation entscheidend.«

Entscheidend dafür, die selbstgesteckten Ziele zu erreichen. Das heißt nicht unbedingt, daß er Fangios Rekord mit fünf WM-Titeln einstellen oder Prosts 51 Grand-Prix-Siege übertreffen will. Die Zahlen kommen von selbst, glaubt er: »Ganz ehrlich, die meisten Grand-Prix-Siege sind etwas, das nicht mehr so weit weg ist, denke ich«, gibt er zu. »Die WM-Titel – das ist schwieriger. Eine WM ist immer eine größere Sache, über einen größeren Zeitraum. Ich habe drei Titel gewonnen, ich weiß, wie schwer das ist. Jetzt noch zwei oder gar drei – das ist viel Arbeit, das kann man nicht planen. Deshalb sieht mein Hauptziel anders aus. Das Ziel ist, alles so gut wie möglich zu machen, so lange ich es mache. Dann kommen die Siege, vielleicht auch die Weltmeisterschaften von selbst. Alles fügt sich dann automatisch richtig zusammen.«

Also sei die Priorität, die Motivation zu erhalten, gesund zu bleiben, und »klar im Kopf, um mein volles Potential ausschöpfen zu können. Denn daß ich es kann, Rennen gewinnen, eine WM gewinnen, das weiß ich. Ich weiß es aus der Erfahrung, es schon geschafft zu haben. Ich habe viel Erfahrung auf meiner Seite, das hilft…«

»Andererseits«, überlegt er, und das ist eine der ganz wenigen Gelegen-

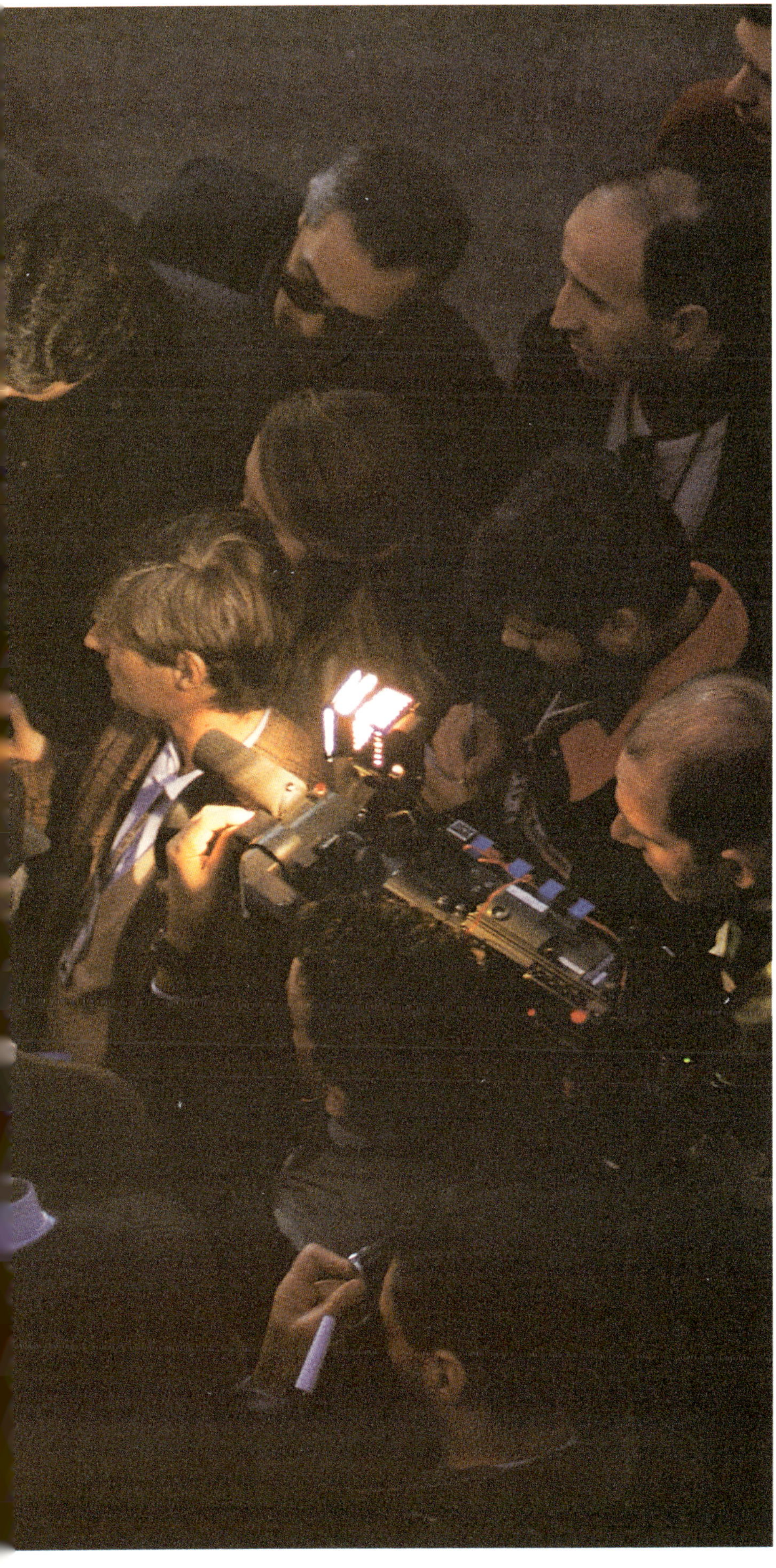

heiten in diesem Winter, wo er sich negative Gedanken erlaubt, »sagt mir diese Erfahrung auch, daß ich nicht zu zuversichtlich sein sollte. Ich muß mir dessen bewußt sein, daß ich wirklich alles geben, alles nutzen muß, um wirklich gut zu sein, wirklich etwas zu erreichen. Ich darf mich nicht nur darauf verlassen, daß ich es ja schon geschafft habe und daß es deshalb wieder ohne Probleme funktionieren wird. Denn dann geht es bestimmt schief... Es braucht nur einen kurzen Moment, etwas, das falsch läuft – und dann kann alles zu Ende sein...«

Aber er wolle sich mit solchen Schatten nicht lange aufhalten, setzt er sofort hinzu: »Alle guten Vorzeichen sind da. Man muß sie jetzt nur richtig zusammensetzen.«

Wie groß wäre die Enttäuschung, würde es nicht klappen, stünde am Ende des Jahres nicht der vierte WM-Titel? Die Antwort ist ein bißchen schärfer als üblich – zumindest im Tonfall: »Ich denke nicht so. Ich bin überzeugt, daß man positiv denken muß. Man muß positiv an ein Ziel, eine Aufgabe herangehen. Wie ich gesagt habe, scheinen alle nötigen Faktoren da zu sein. Natürlich ist der Rennsport nicht vorhersehbar. Vieles kann passieren. Aber man darf nicht negativ denken. Positiv herangehen, wissen, daß man es kann, und dann arbeiten, damit es funktioniert, das ist mein Weg.«

Seine Zuversicht, sein Vertrauen, sein Selbstbewußtsein, sie wirken ansteckend. Die innere Ruhe, die er mitgebracht hat aus Brasilien, aus seinem kurzen »Winter-Sommer-Urlaub«, in dem er noch dazu »viel gearbeitet« hat, seine Geschäfte vor-

Ein langer Testtag in Imola geht zu Ende – aber vor der wohlverdienten Ruhe will auch noch die Presse ihr Recht.

Brasilien-GP 94 – zusammen mit Michael Schumacher: »Wir sind Konkurrenten, nicht Rivalen!«

angetrieben, »und endlich meine Helikopter-Lizenz gemacht, was ich schon ewig wollte«, sie fasziniert. Er sitzt im Haus seines guten Freundes Braga in Sintra in Portugal, nur ein paar Kilometer entfernt von der Rennstrecke von Estoril, am Vorabend der großen Williams-Präsentation, seinem ersten großen Auftritt für sein neues Team, und formuliert am Ende seinen Wunsch für 1994: »Wenn ich am Ende dieses Jahres noch so glücklich bin wie jetzt, dann war es ein sehr gutes Jahr, beruflich und privat…«

In Le Castellet, Ende Februar, testet er zum erstenmal ausgiebig den neuen Williams FW16. Es ist ein privater Williams-Test, kein anderes Team ist da, also gibt es keine Vergleichszeiten. Aber das Auto scheint zu gehen.

Senna gibt sich vorsichtig: »Wir haben noch viel zu tun. Außerdem weiß man nie, wie es auf anderen Strecken aussehen wird.«

Aber sein Auftreten zeigt, daß er sich nicht wirklich Sorgen macht. Dem brasilianischen Journalisten Celso Itibeira von »O Globo« fällt auf: »Der hat ja Mühe, sich das Lachen zu verkneifen, wenn er von Problemen spricht.«

Senna ist unkompliziert, offen, zugänglich: In der Mittagspause setzt er sich zu den – wenigen – anwesenden Journalisten an den Tisch. Kein Interview, nur lockeres Geplauder. Über seine Projekte in Brasilien, über seine Anfangszeit in der Formel 1, seinen ersten Test hier in Le Castellet vor zehn Jahren mit Brabham-BMW: »Als ich damals mit dem Zug aus Mailand nach Marseille kam, dort am Bahnhof stand, wußte ich nicht, wie ich in mein Hotel oder an die Strecke kommen sollte. Heute steht mein Jet hier nebenan – kein schlechter Fortschritt, oder?«

Thierry Boutsen kommt auf einen kurzen Sprung vorbei, einer von Ayr-

Zitate

Januar 1994

Mein Ziel ist nicht, in diesem Jahr eine bestimmte Anzahl Rennen zu gewinnen, mein Ziel ist es, das Maximum zu geben und das Beste aus mir selbst herauszuholen.

Meine Motivation ist die Suche nach der Perfektion, der Versuch, mich immer weiter zu verbessern, weiter zu lernen. Vielleicht kann man die absolute Perfektion nie erreichen, aber ihr so nahe wie möglich zu kommen, das ist das Ziel.

Wenn ich am Ende dieses Jahres noch so glücklich bin wie jetzt, dann war es ein sehr gutes Jahr, beruflich und privat.

Konzentration – unter dem Schutz des berühmten gelben Helms! ▷

Rothmans
RACING
NACIONAL
elf
RENAULT
elf
Rothmans
RACING
othmans

Zusammen mit seinem Landsmann Christian Fittipaldi und Heinz-Harald Frentzen, mit dem er sich sehr gut versteht...

tons besten Freunden unter den Rennfahrer-Kollegen. Er hat seinen Sohn Kevin mitgebracht, so daß Ayrton in jeder Testpause eine Beschäftigung hat: Spielen mit Kevin. Denn Kinder sind für Senna schon immer das Größte. Nur den berühmten gelben Helm will sich der Kleine partout nicht aufsetzen lassen – auch nicht vom Meister persönlich...

Eine Woche später der erste Vergleich des neuen Williams mit dem Rest der Welt: Die Imola-Testfahrten dominiert Senna – zumindest bis zum Freitagabend, als Michael Schumacher plötzlich in absoluter Qualifying-Manier eine 1:21,0 auf die Bahn zaubert, Senna steht mit 1:21,2 zu Buche.

Allerdings war im Laufe der Zeit durchgesickert, bei Williams gebe es eine interne Anweisung, nicht mit weniger als 60 Liter Sprit im Tank zu fahren, man wolle das volle Potential noch nicht aufdecken.

Die »Niederlage« steckt er jedenfalls äußerst gelassen weg: »Die Zeiten von hier sind doch nicht entscheidend. Die Winter-WM ist jetzt zu Ende. Was wirklich Sache ist, wird sich in Interlagos zeigen.« Die Zuversicht blitzt geradezu aus den Augen, als er den brasilianischen Journalisten zuraunt: »Im übrigen bin ich ja eine ganz andere Zeit gefahren als die, die hier auf dem Papier steht...« Als einer ganz erstaunt nachfragt, wie denn das ginge, grinst er nur: »Indem man die Runde woanders anfängt...« Klar – der alte Trick: irgendwo draußen an der Strecke eine gedachte Start-Ziel-Linie festlegen, dort per interner Zeitnahme die Runde stoppen, die auf den offiziellen Uhren an Start und Ziel nie erscheint. Nachhaken beim Team ergibt später: Es war wohl eine niedrige 1:20er-Zeit – kein Wunder, daß ihn Schumachers 1:21,0 noch nicht sonderlich beunruhigen. »Senninha« wäre hier jetzt vielleicht Rekord gefahren, meint er in Anspielung auf die Comicfigur, die er gerade in Brasilien kreiert hat, und wohl auch auf seine wilderen Anfangsjahre, »Senninha«, der kleine Senna... Er selbst habe so etwas jetzt nicht mehr nötig.

Während er seine Statements abgibt, telefoniert er zwischendurch noch mit Frank Williams, ein Satz hierhin, einer dorthin, aber alles ganz locker. Dann zieht er los, Richtung Auto, »Ciao, Freunde, tut mir leid, aber ich muß weg.«

Irgend jemand brüllt noch hinterher: »Wenn du schon keinen neuen Rundenrekord aufgestellt hast – für die Strecke zum Flughafen nach Bologna gibt's jetzt bestimmt neuen Rekord...« Dort wartet sein Flugzeug, um ihn nach Paris zu bringen. Er will noch am Abend die Varig-Maschine nach São Paulo erwischen, dann noch ein paar Tage zu Hause entspannen, bevor der Druck des Heim-Grand-Prix kommt.

Interlagos wird zur ersten Feuerprobe, zum ersten Schreckschuß. Schon im Training ist der Vorsprung auf Schumacher im Benetton geringer als allgemein erwartet. Der Williams liegt nicht optimal. Ayrton schiebt es auf die sehr unebene Strecke: »Ich habe von Anfang an gesagt, daß es mit dem Auto Probleme geben könnte, wenn wir auf sehr wellige Kurse kommen. Und ich habe auch gesagt, daß es enger werden wird...«

Heinz-Harald Frentzen

Sauber-Mercedes-Team

Senna war ein Gigant. Für mich war er immer unverletzbar... Ich hatte das Glück, ihn in den letzten Monaten ein bißchen näher kennenlernen zu dürfen. Daß wir uns gut verstanden haben, hat mir sehr viel bedeutet.

Trotzdem – auch wenn die offiziellen Versionen anders klingen: mit so starker Konkurrenz durch Schumacher und Benetton hat er eigentlich nicht gerechnet. Er erkennt deren Leistung an: »Michael ist ein sehr guter Fahrer, und er hat ein offenbar optimales technisches Paket hinter sich.« Aber intern ärgert er sich trotzdem: »Immer wenn ich denke, es könnte mal etwas relativ glatt gehen, kommt irgendwas oder irgendwer dazwischen und macht es schwieriger.« Im Rennen dreht er sich bei der Jagd nach Schumacher, der ihn beim Boxenstop überholt hat. Das Aus, und zehntausende Brasilianer wandern enttäuscht ab.

Er selbst ist am traurigsten: »Für mich ist es das Enttäuschendste, wenn ich meinen Fans hier, die mich so lieben, nichts zurückgeben kann. Es war mein Fehler, ganz klar. Aber ich wollte hier unbedingt gewinnen. Ein zweiter Platz hätte mir in Brasilien nichts bedeutet.«

Vor dem Pazifik-Grand-Prix in Aida testet Williams noch einmal in Jerez – man will das Aerodynamikproblem, das man, wie sich in Interlagos gezeigt hatte, vor allem in langsamen Kurven hat, in den Griff bekommen. Das aber erweist sich als nicht ganz einfach, worauf Ayrton der Satz herausrutscht: »Typisch, kaum komme ich zu Williams, prompt haben die mit dem Auto daneben gelangt« – den er auf Portugiesisch noch um einige Nuancen drastischer formuliert.

In Aida, auf einer für Williams nicht optimalen Strecke, erkämpft er sich erneut die Pole-Position, erwischt dann aber keinen optimalen Start. Und als er sich dann brav hinter Schumacher anstellen will, »um ja erst einmal nichts zu riskieren«, schießt ihn von hinten Mika Häkkinen ab. Schumacher gewinnt wieder, das WM-Duell steht 0 : 20 nach Punkten.

Senna versucht, die Zuversicht des Winters wieder heraufzubeschwören: »Es sind noch 14 Rennen, und ich war in meiner Karriere schon in schwierigeren Situationen. Keine Panik! Wir müssen nur ruhig weiterarbeiten und kämpfen.«

Aber die Augen strahlen nicht mehr so wie noch ein paar Wochen zuvor. Der Winter, der ein Sommer war, wird wieder kälter. Das Licht am Ende des Tunnels – er möchte es in Imola sehen.

Der Startcrash von Aida: Mika Häkkinen schießt Senna ab, dem dann auch noch Larini ins Auto fährt.

FOSTER'S
Marlboro
TENCEL

»Gewinnen ist wie eine Droge«

Die schönsten Siege einer Traumkarriere

Es gibt Formel-1-Piloten, die haben ihr Ziel erreicht, wenn sie dabei sind. Egal, ob sie auf dem letzten Startplatz stehen, nie echte Chancen haben, sie sind zufrieden, es in die Formel 1 geschafft zu haben. Anderen reicht es, wenn sie zumindest vorne mitfahren, Punkte holen, ab und zu auf dem Treppchen stehen. Für Ayrton Senna gab es immer nur eines – den Sieg. Daß andere anders denken konnten, war ihm fremd: »Ich denke, wir haben alle verschiedene Gefühle, aber etwas, das uns allen gemeinsam ist, neben allen persönlichen Differenzen, ist unsere Liebe zum Rennsport. Wir haben den Willen, Dinge zu wagen, Risiken einzugehen, Schmerzen auf uns zu nehmen, viele Opfer im Leben zu bringen – nur für die Freude, die Nummer Eins zu sein.«

»Gewinnen ist wie eine Droge«, hat er einmal gesagt, im Laufe einer großen Siegesserie – und daß er von dieser Droge geradezu abhängig sei. 41mal hat er deren Wirkung in der

◁ **Start in Adelaide 1993 – das letzte Duell Senna gegen Prost, und, was noch niemand ahnt, auch der letzte Senna-Sieg.**

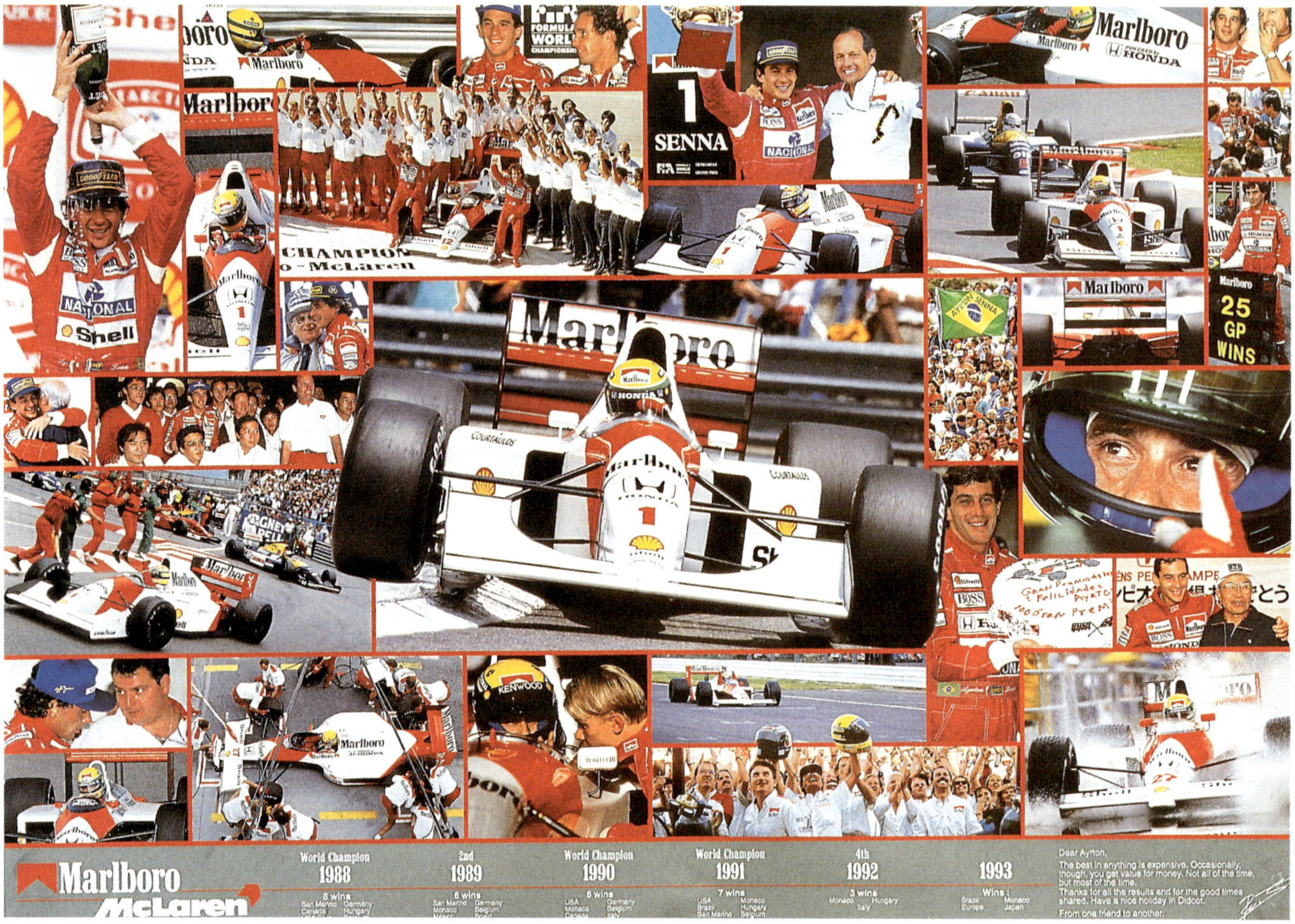

Das Abschiedsgeschenk von Ron Dennis nach sechs Jahren Mc Laren: Eine Collage aus den schönsten Momenten. . .

Formel 1 erfahren dürfen. Sein letzter Sieg – Australien 1993 – war für ihn zugleich einer seiner wichtigsten und schönsten.

Australien 1993 ist ein Wochenende der Emotionen: Sennas Abschied von McLaren nach sechs Jahren, gleichzeitig der letzte Grand Prix überhaupt für seinen großen Rivalen Alain Prost. Senna, viel sensibler, als ihn viele einschätzen, registriert die Stimmungen ganz genau. Der Abschied fällt ihm schwer – obwohl er sich nichts sehnlicher gewünscht hat, als endlich einen Williams fahren zu dürfen. »Aber ich lasse eine Menge guter Freunde dort zurück. Ich habe die ganze Zeit über immer sehr gut und sehr gerne mit all den Leuten zusammengearbeitet, mit den Mechanikern, den Ingenieuren. Es war eine phantastische Partnerschaft, mit all den Erfolgen, eine einzigartige Zeit in meinem Leben. Es ist ein Abschnitt meines Lebens, den ich hinter mir lasse.«

In der Startaufstellung brechen die Emotionen durch. McLaren-Teammanager Jo Ramirez, der in den sechs Jahren der Zusammenarbeit ein enger Freund geworden ist, kommt zu Ayrton ans Auto und sagt ihm: »Wenn du auch hier noch gewinnst, dann liebe ich dich auf ewig« – worauf Senna seine Tränen nicht mehr zurückhalten kann. Fünf Minuten vor dem Start sitzt er hemmungslos weinend im Auto.

»Jo ist ein guter Freund, er hat ein großes Herz – und er ist auch sehr emotional. Als er zu mir kam, war auch ich sehr bewegt. Das war einerseits eine sehr schöne Erfahrung, aber auch gefährlich, weil man ja eigentlich voll konzentriert bleiben sollte. Aber es war auch sehr schön, ein Test für mich, zu sehen, daß bei aller Professionalität, bei all der Verantwortung, die man hat, die Emotionen, die immer in mir drin sind, in einem solchen Moment in einer schönen Form herauskommen können.«

Bis zum Start hat er sich wieder unter Kontrolle, geht sofort in Führung – und scheint das Rennen die ganze Zeit über souverän zu beherrschen. Obwohl der Williams immer noch das bessere Auto ist, hat Prost nie eine echte Chance. Auch wenn McLaren-Chef Ron Dennis an der McLaren-Box ziemlich nervös ist, sich erst mit Sennas Renningenieur Giorgio Ascanelli über die richtige Benzinverbrauchs-Berechnung streitet, dann mit Senna selbst über Funk über den richtigen Zeitpunkt des zweiten Boxenstopps.

»Woher wißt ihr das?«, fragt Ayrton mehr als verblüfft, als er nach dem Rennen auf die Szene angesprochen

Sehr gute Freunde: Ayrton Senna und McLaren-Teammanager Jo Ramirez.

wird. Des Rätsels Lösung: Das französische Fernsehen hat den McLaren-Boxenfunk abgehört. »Und ich dachte, unser Funk ist verschlüsselt...«

Wirklich in Gefahr, diesen Grand Prix zu verlieren, scheint Senna nie zu sein. Aber leicht, so sagt er, war es für ihn nie: »Es war ein Sieg des Willens, des Willens, von Anfang bis Ende alles richtig zu machen, sich keinen Fehler zu erlauben, aber auch immer das absolute Maximum zu geben. Während des ganzen Rennens, in jeder Runde, in jeder Kurve. Das war der einzige Weg, dieses Rennen zu gewinnen. Mit neunzig Prozent hätte ich es nicht gewonnen, ich mußte immer hundert Prozent geben.«

Daß ihm das gelungen ist, gibt ihm eine besondere Befriedigung: »Nicht der Sieg allein ist das Besondere, sondern die Art, wie ich ihn geholt habe. Und das ist etwas, das nur ich selbst ganz genau weiß, weil ich es selbst erfahren, durchlebt, gefühlt habe – in jeder Kurve, in jeder Runde.«

Die schönsten Szenen spielen sich nach der Zieldurchfahrt ab. Als Senna aus dem Auto steigt, nimmt ihn Ron Dennis in den Arm und flüstert dem Piloten, der McLaren gerade den 104. Grand-Prix-Sieg geschenkt und das Team damit an die Spitze der ewigen Bestenliste gebracht hat, ins Ohr: »Es ist nie zu spät, seine Meinung zu ändern.« Als wolle er ihn doch noch davon abhalten, zu Williams zu wechseln...

Die Einladung zur Abschiedsparty – vom Sponsor inszeniert...

Dann gibt es einen kurzen Handschlag mit Alain Prost und die versöhnlichen Bilder auf dem Siegerpodest, als Senna seinen jahrelangen »Todfeind« Prost und auch seinen nächstjährigen Teamkollegen Damon Hill zu sich auf die oberste Stufe des Podiums holt.

»Das war spontan, aus der Situation heraus, es konnte gar nicht anders sein, nicht anders enden. So wie die Situation war, mit uns zusammen auf dem Podium, nach dem Rennen, das wir hatten, ein großes Fest für die Formel 1, die Fans, wir beide am Ende eines wichtigen Abschnitts unseres Lebens...« Er will nicht sagen, daß damit alles, was war, vergessen ist. »Aber trotz aller Differenzen, wir sind beide Sportler, beide Weltmeister, lie-

Versöhnung: Senna holt Alain Prost in Australien zu sich aufs Podest – und auch seinen Teamkollegen 94, Damon Hill.

ben den Rennsport... Man sollte jetzt nicht zuviele Worte machen, Worte können hier nur schaden, zerstören... Man sollte das, was sich da abgespielt hat, einfach so stehenlassen. Ich glaube, es hat meine und seine Gefühle gezeigt. Es war etwas, das zuvor nicht möglich war – aber in diesem Moment war es möglich.«
Adelaide 1993 – es wird der letzte Senna-Sieg bleiben – am 7. November 1993.

29 Jahre nach den ersten Geh- oder besser Fahrversuchen in einem von Vater Milton gestifteten Kart, 25 Jahre nach dem ersten – inoffiziellen – Kart-Rennen, das Senna als Achtjähriger gegen viel ältere Konkurrenten bestreitet. Die Startaufstellung wird damals ausgelost, Ayrton darf als Jüngster als erster ziehen und erwischt die »1«. »Ich stand also in meinem ersten Rennen auf der Pole-Position.« Er führt auch lange, »weil ich klein und leicht war, konnte ich auf den Geraden den anderen immer davonfahren.« Aber dann schießt ihn kurz vor Schluß von hinten einer ab, es wird nichts mit dem Premieren-Sieg. »Aber ich weiß noch, daß es mir irrsinnig viel Spaß gemacht hat.«
Sein erstes offizielles Rennen am 1. Juli 1973 in Interlagos gewinnt er – und dann sammelt er jahrelang in Südamerika alle nur erreichbaren Kart-Titel ein. Was damals schon auffällt: seine Suche nach Perfektion in allen Bereichen. Ob technische Vorbereitung der Karts oder sein eigener Wille zu lernen – mit Halbheiten gibt er sich nicht zufrieden. »Als ich zum erstenmal im Regen Kart gefahren bin, war das eine Katastrophe. Ich habe überhaupt nichts zustande gebracht, alle haben mich überholt. Also bin ich dann immer, wenn es regnete, trainieren gegangen – und im Laufe der Zeit habe ich herausgekriegt, wie's geht...« Regenrennen – sie werden später einmal eine seiner größten Stärken...
1978 beginnt die Eroberung der großen internationalen Rennsportwelt. Ayrton kommt nach Europa – damals noch unter seinem richtigen Namen, Ayrton da Silva. »Aber da Silvas gibt's in Brasilien wie Sand am Meer.« Deshalb fügt er, um sich ein bißchen abzuheben, bald den Mädchennamen seiner Mutter dazu, und fortan steht in den Startlisten: Ayrton Senna da Silva. Bis ihm dann, Anfang der achtziger Jahre, jemand klarmacht, daß das zu lang und zu umständlich sei – vor allem für die englischen Journalisten, die sich mit nichtenglischen Namen sowieso immer schwertun. Also wird das »da Silva« endgültig gestri-

Im Blick: Noch viele Siege, viele große Rennen... ▷

HONDA
arlboro

chen, bleibt nur noch Ayrton Senna übrig. Dabei macht allein die Aussprache des Vornamens immer noch genug Probleme, und es kursieren jahrelang über die Rennsport-Welt verbreitet die verschiedensten Versionen. Einfacher ist sein Spitzname »Beco«. Den hat er schon von Kindheit an, seine Schwester Viviane hat ihn erfunden, aber den dürfen nur die Familie und enge Freunde benutzen…

Ein Ziel erreicht er in diesen ersten Jahren in Europa nicht: Er wird nie Kart-Weltmeister, obwohl er es mehrfach mit der ihm schon damals eigenen Entschlossenheit, die an Verbissenheit grenzen kann, versucht. Ein paarmal ist er nahe daran: In Estoril 1979 und in Belgien, in Nivelles 1980, wird er Vizeweltmeister. Er ist der schnellste Mann im Feld, aber irgend etwas geht immer schief. Bei dieser WM ist ein elfjähriger Junge aus Deutschland unter den Zuschauern, den »dieser Typ mit dem gelben Helm« so beeindruckt, »daß ich im Programmheft nachgeschaut habe, wer das ist.« Der Name des jungen Fans ist Michael Schumacher…

Zum erstenmal in einem richtigen Rennauto sitzt Senna 1981 in England – in der Formel Ford 1600. Es ist dies der endgültige Schritt weg von Brasilien in eine völlig andere, kältere Umgebung. Er versteht anfangs die Sprache kaum, muß auch lernen, sich einem ganz anderen Lebensstil anzupassen. Auch das Geld ist knapper als gewohnt. So reichlich fließen Papas Schecks nicht; denn der hält ursprünglich nicht allzuviel von den Plänen seines Sohnes. Rennfahren nebenher, als Freizeitvergügen, das war ja in Ordnung – aber eine Profikarriere, Rennfahren als Beruf? Doch Senna wäre nicht Senna, würden ihn diese Umstände ernsthaft von seinem Ziel abbringen. Und das heißt: Gewinnen – gewinnen um jeden Preis. Was er auch tut: In der Formel Ford 1600 gewinnt er 1981 bei 20 Starts zwölfmal, in der Formel Ford 2000 1982 bei 27 Starts 21mal…

Mit 18 Jahren auf dem Sprung, Europa zu erobern: Bei der Kart-WM 1978 in Le Mans…

An das Rennen auf dem Jyllandsring in Dänemark, als er den EM-Titel 1982 in der Formel Ford 2000 endgültig unter Dach und Fach bringt, erinnert er sich noch zehn Jahre später ganz genau: »… vor allem weil ich so unausgeschlafen war. Ich hatte in der Nacht zuvor eine viel bessere Beschäftigung gefunden als schlafen… Ich weiß noch, daß sie sehr blond war…« (Die kurze Ehe mit seiner Jugendfreundin Liliane ist da schon wieder beendet.)

Die »Siegesmaschine« ohne menschliche Züge, ohne Ausrutscher, die nie rechts und links schaut, als die ihn so viele im Laufe seiner Karriere immer wieder charakterisierten, war er nie. Die »Seitensprünge« waren selten, aber es gab sie. Noch ein Beispiel dafür? Ein Jahr später, da war er nach einem phantastischen Kampf bis zum letzten Rennen mit Martin Brundle bereits englischer Formel-3-Meister, hatte bereits erste Formel-1-Tests bei Williams und McLaren hinter sich, da kam er zum erstenmal zum berühmten Formel-3-Klassiker nach Macau. Die Strecke kannte er nicht, was ihn jedoch nicht daran hinderte, sein Auto überlegen auf Pole-Position zu

Immer der Schnellste – aber Kart-Weltmeister wird Ayrton nie...

stellen. Grund zum Feiern! »Und so sind wir am Freitag abend mit einer ganzen Clique von Leuten, mindestens fünf oder sechs, losgezogen... Und in einer Bar bei ein paar Wodka-Lemon hängengeblieben.«

Für jemanden, der sonst praktisch keinen Tropfen Alkohol trinkt, sind ein paar Wodka-Lemon eine Katastrophe. »Ich habe bis heute keine Ahnung, ob wir überhaupt bezahlt haben, als wir aus dieser Kneipe raus sind.« Und am nächsten Tag – der Samstag ist in Macau zum Glück für die Formel 3 trainingsfrei – ist er immer noch »völlig daneben. Ich habe alles probiert, bin laufen gegangen wie ein Wahnsinniger, es hat nichts genutzt. Ich habe meinen Kopf nicht klargekriegt, mich immer noch miserabel gefühlt.«

Sonntag früh fährt er im Aufwärmtraining zwei Runden, dann stellt er das Auto an der Box ab, sagt seinem Team: »Alles in Ordnung, nichts mehr zu tun.«

Seine Mechaniker schauen nur verblüfft – das haben sie bei dem Perfektionisten Senna noch nie erlebt. »Aber ich war nach diesen zwei Runden so fertig, als wäre ich zwei Rennen hintereinander gefahren, völlig durchgeschwitzt, kaputt...« Er fährt ins Hotel zurück, stellt sich unter die Dusche – und geht zwei Stunden schlafen, bis zum Start ist ja noch Zeit. »Und als ich aufwachte, war alles okay. Offenbar hat die Anspannung des Fahrens während dieser zwei Runden, die extreme Belastung, das Schwitzen, alles rausgepreßt.« Im Rennen gewinnt er überlegen beide Läufe vor Roberto Guerrero, dem Kolumbianer, der damals schon Formel-1-Erfahrung hatte, und Gerhard Berger, dem schnell aufgeht: »Da ist einer, der steht noch eine Stufe über uns allen...«

Im März 1984 feiert Senna sein Formel-1-Debüt in einem Toleman bei seinem Heimrennen in Brasilien. Ein etwas blasser, schmaler junger Mann, dessen weiche Gesichtszüge aber schon viel Entschlossenheit und Ernsthaftigkeit verraten. »Zum erstenmal stand ich richtig im Blickpunkt, viele Leute, Journalisten, Fans um mich rum. Kein schlechtes Gefühl damals.«

Das Rennen dauert für ihn nur acht Runden, dann stoppt ihn ein Motorschaden. Aber schon 14 Tage später, in Südafrika, holt er als Sechster seinen ersten WM-Punkt. Es ist sehr heiß, und als die Zielflagge fällt, ist Senna schwer gezeichnet, am Ende seiner Kräfte, muß völlig erschöpft aus dem Auto gehoben werden. »Ich hatte solche Schmerzen, als ob sich Millionen Nadeln in meinen Körper

Die Anfänge in England: In der Formel Ford ist Senna bald fast unschlagbar.

gebohrt hätten. Ich war einfach nicht fit genug.« Seine Konsequenz: Er nimmt sich einen eigenen Fitneßbetreuer, Nuno Cobra, von dem er sich persönliche Trainingspläne ausarbeiten läßt, und er zieht sie durch. Später ist er auch oft bei Willi Dungl in Österreich, arbeitet dort an sich. Der Wille zur Perfektion betrifft natürlich auch die eigene Fitneß.

In Monaco, in seinem sechsten Grand Prix, steht Senna zum erstenmal auf dem Treppchen: als Zweiter hinter Alain Prost und vor Stefan Bellof in einem Rennen, das im strömenden Regen ertrinkt und nach 32 Runden abgebrochen wird. Der Regen sorgt dafür, daß die Leistungsunterschiede der Autos relativiert werden, die fahrerische Leistung mehr zur Geltung kommt. Vom 14. Startplatz aus tobt der junge Brasilianer nach vorne – der erste Schritt zum »Regenkönig« Senna. Auch auf den führenden Prost, der Probleme mit seinem Auto hat, macht er immer mehr Boden gut, und noch heute sind viele Experten überzeugt: Rennleiter Jacky Ickx hat mit seinem Abbruch Sennas ersten GP-Sieg noch einmal verhindert.

»Überholt hätte ich Prost sicher – was dann passiert wäre, kann man nicht sagen«, meint Senna später einmal, »vielleicht hätte ich gewonnen, aber vielleicht wäre ich auch noch ausgefallen…«

Es regnet auch im April 1985 in Estoril. Inzwischen hat Senna das Team gewechselt, sitzt nicht mehr im Toleman, sondern im schwarz-goldenen Lotus. Und zum erstenmal steht er in der Formel 1 auf der Startposition, die später quasi sein Stammplatz werden wird: ganz vorne, auf der Pole-Position. Es ist der zweite Grand Prix der Saison, und Senna dominiert ihn von der Spitze weg im Stil eines Weltmeisters. Er scheint über dem Regen, den Pfützen auf der Strecke, der Aquaplaning-Gefahr förmlich zu schweben. Wo andere ausrutschen, neben der Strecke durchs Gras pflügen, sich drehen, bewegt er den Lotus wie auf Schienen durch die Gischt, scheint nie wirklich in Gefahr zu geraten. Zumindest wirkt es von außen so.
Er selbst analysiert später: »Auch ich war an der Grenze. Es gab eine Menge Momente, wo es sehr knapp war, wo ich befürchtete, rauszufliegen.« Trotzdem, er wirkt, mit seinen gerade mal 25 Jahren, in seinem erst 16. Grand Prix, so unglaublich souverän, daß hier in Estoril der erste Teil der Legende geboren wird – zusammen mit einem Namen, der in den kommenden Jahren zum ständigen Begleiter wird: »Magic« Senna.

Die Welt wird aufmerksam: Im Regen von Monaco '84 strahlt Sennas Stern zum erstenmal.

Als er über die Ziellinie fährt, reißt er vor Freude beide Hände in die Luft, eine der ersten Umarmungen, als er aus dem Auto steigt, kommt von seiner Mutter Neide – und da sind auch ein paar verstohlene Tränen dabei. Die Freude auf dem Siegerpodest in Estoril ist ausgelassen, aber schon sehr bald scheint er »auf den Boden« zurückzukommen, zu einer sehr präzisen, klaren Rennanalyse. »Die Momente der Freude in unserem Sport sind sehr intensiv, aber sehr kurz, müssen sehr schnell wieder von der normalen Arbeit überlagert werden, wenn man weiter Erfolg haben will«, sagt er viel später einmal, nachdem er schon längst klargestellt hat, wie fest sich die Erinnerung an diesen ersten Sieg in ihn eingebrannt hat, wie wichtig er ihm war. Bei der obligatorischen, immer wieder gestellten Frage nach den »schönsten Momenten« taucht er stets ganz vorne mit auf.

Die Komplimente, die ihm die ganze Welt nach diesem Triumph macht, nimmt er eher verlegen auf. Die Schüchternheit besiegt den Stolz – zumindest nach außen. Es ist diese Schüchternheit, die ihn in diesen Anfangsjahren oft daran hindert, einem Gesprächspartner wirklich in die Augen zu schauen, die ihn auf kritische oder heikle Fragen mit einem sehr knapp wirkenden »Das ist mir alles egal« antworten läßt, die ihm sehr bald als Arroganz ausgelegt wird. In Wirklichkeit steckt dahinter aber vor allem der Versuch, einen sehr sensiblen Kern in sich zu schützen, vor der Härte und Kälte zu schützen, mit der er in der Formel 1 konfrontiert ist. »Ich kam schließlich aus einer relativ behüteten Welt, aus der Wärme meiner Familie.«

Er zieht sich immer mehr in sich selbst zurück, vor allem nachdem er sich ein paarmal von den Medien schwer enttäuscht und getäuscht fühlt. Besonders die Affäre im Winter 1985/86, als er Derek Warwick als seinen Teamkollegen bei Lotus ablehnt und dafür vor allem von der englischen Presse zerrissen wird, hat Spuren hinterlassen. »Dabei habe ich immer wieder versucht, zu erklären, daß das weder mit Derek persönlich etwas zu tun hatte noch damit, daß ich keine starke Konkurrenz im Team haben wollte.« Worum es ihm ging: Er war damals – wohl zu Recht – überzeugt, daß Lotus nicht in der Lage sein würde, zwei gleich gute Autos vorzubereiten, und befürchtete mit einem starken Engländer im Team die großen internen Kämpfe ums Material

Der erste Sieg: Estoril 85 – die Legende von »Magic« Senna beginnt in einer Regenschlacht

und um die Vorherrschaft. »Es hatte da schon 1985 mit Elio de Angelis erste Ansätze zu so etwas gegeben. Ich war überzeugt: Wenn ich mit Lotus eine Chance haben will, um die WM zu kämpfen, dann muß sich das Team auf ein Auto konzentrieren. Und das funktioniert nicht mit einem Teamkollegen, der ebenfalls Nummer-1-Ansprüche anmeldet.«

Daß man ihm überall einerseits Feigheit und andererseits unangemessene Einmischung in Teamentscheidungen vorwirft, trifft ihn tief. Das Verhältnis zu einem Teil der englischen Presse normalisiert sich nie mehr, und auch die anderen müssen lange warten, bis sie hinter der Fassade des kühlen, nur nach Siegen und dem WM-Titel strebenden Erfolgsmenschen wieder persönliche Züge sehen dürfen. Keine Frage, daß Senna an den Rennstrecken intensiver, konzentrierter und engagierter arbeitet als alle anderen, daß er an einem Rennwochenende alles dem einen Ziel unterwirft – am Ende zu gewinnen. Aber da ist noch viel mehr…

Vor einer größeren Öffentlichkeit bricht die Maske zum erstenmal wieder in Suzuka 1988 auf, als die Emotionen über das endlich erreichte, große Ziel, den ersten WM-Titel, alles andere hinwegspülen.

Die Situation in Suzuka ist klar: Es ist das vorletzte Rennen eines Jahres, in dem McLaren-Honda die Konkurrenz überlegen beherrscht hat. Senna, der Neuling im Team, Ende 1987 von Lotus gekommen, hat sich gegenüber dem zweimaligen Weltmeister Alain Prost, schon seit 1984 ununterbrochen bei McLaren, als der eindeutig schnellere Mann herausgestellt. Im Training verliert er in der ganzen Saison nur zweimal gegen Prost. Auch im Rennen ist er normalerweise schneller – aber der eine oder andere Fehler und ein paar seltsame technische Probleme, gerade in den beiden letzten Rennen vor Suzuka, haben Prost noch im Titelrennen bleiben lassen. Der Franzose kommt mit sechs Siegen nach Japan, Senna mit sieben. Nur in Monza hat mit Gerhard Berger ein Nicht-McLaren-Fahrer gewonnen, weil Senna beim Überrunden zwei Runden vor Schluß an dem unerfahrenen Jean-Louis Schlesser hängenblieb. Aber mit einem Sieg in Japan kann Senna seinen ersten WM-

Zitate

1984
Ich weiß, was ich von mir selbst und von meinem Team erwarten kann. Ich bin kein Spielertyp. Ich tue Dinge in programmierter Weise.

Ich möchte respektiert werden für das, was ich tue.

Selbstvertrauen ist für den Rennfahrer das Lebenselixier. Wer nicht von sich selbst annimmt, sehr, sehr gut zu sein, der sollte am besten aufhören.

1985
Mein Ideal wäre es, die Qualitäten von Fittipaldi, Piquet, Lauda und Stewart vereinen zu können.

Du kannst von jedem etwas lernen. Ich halte immer die Augen offen, es wäre ja dumm, zu glauben, schon alles zu können.

Ich kenne mich selbst – ich bin meistens sehr geradlinig. Weil ich so bin, denken manche Leute, ich sei aufgeblasen und arrogant. Manchmal stört mich das schon etwas, denn ich glaube sicher, daß ich das nicht bin.

Der Rennsport ist mein alles, er ist die Herausforderung meines Lebens, er ist Beruf und Berufung, Hobby und gleichzeitig ein Virus, für den es kein Gegenmittel gibt. Ich habe mein Interesse an allem anderen verloren, meine Seele und mein Körper gehören dem Rennsport.

1986
Meine Erfolge, meine Leistungen empfinde ich für mich als normal. Ich betreibe seit Urzeiten Motorsport. Ich hatte die Möglichkeit, diesen Sport von Grund auf zu lernen. Ich gebe auch mein Bestes, also sehe ich den Erfolg als ganz normale Entwicklung an.

Ich möchte bei allem, was ich tue, meine Grenzen voll ausschöpfen.

Was geht es mich an, was die anderen erzählen oder schreiben? Ich versuche, mein Bestes zu geben, das ist alles.

1987
Die Formel 1 ist big business und große Verantwortung – das nimmt einiges vom Spaß weg.

Kompletten Respekt habe ich vor Prost, nicht nur als Pilot, wegen seines Rennfahrens, sondern auch, wie er sich gibt und was er alles erreicht hat.

Titel endgültig unter Dach und Fach bringen. Bei einem Prost-Sieg würde sich die Entscheidung bis zum letzten Rennen, bis nach Adelaide, verschieben.
Daß Ayrton sich wieder die Pole-Position erobert, zum 12. Mal in diesem Jahr, ist schon fast normal. Daß er den Start, »ausgerechnet den wichtigsten des Jahres«, total verpatzt, dagegen nicht. Als die Ampel auf Grün schaltet, bleibt er wie angeschraubt stehen, der Motor stirbt ihm ab, er hat schon die Arme oben, um die nachfolgenden Fahrer zu warnen, hat zum ersten Glück, daß ihm niemand ins Auto fährt. Und zum zweiten hilft ihm, daß die Start-Ziel-Gerade in Suzuka abschüssig ist. »Ich hatte schon gedacht, daß alles verloren ist, habe das Auto aber anrollen lassen, es schien zu gehen, dann ging der Motor wieder aus. Also nochmal dasselbe, und dann kam ich endlich in Schwung, ganz langsam, aber immerhin. Es war wirklich Glück...«

Martin Brundle

McLaren-Peugeot, Formel-3-Rivale:

Ich kann nicht sagen, daß ich ihn auf der menschlichen Ebene besonders gut gekannt habe, auf der professionellen schon. Wir haben hart gegeneinander gekämpft, aber immer innerhalb der Grenzen des Erlaubten. Was mich an ihm sofort beeindruckt hat, waren seine Professionalität und sein Einsatzwille. Es war vom ersten Moment, vom ersten Rennen an klar, daß er etwas Besonderes war. Er schien immer instinktiv zu wissen, wo das Limit ist. Nicht nach der Kurve, sondern davor. Als ob er alle Reaktionen voraussehen könnte...

Die Kombination von Mensch und Maschine – das Erfolgsgeheimnis der Formel 1. Der Renault-Motor treibt Senna zu den ersten Siegen. ▷

Er kommt als 14. vom Start weg, und Prost führt. Am Ende der ersten Runde ist er Achter. Aber die Aufholjagd scheint fast aussichtslos. Denn Prost kann vorne wegfahren, einen Vorsprung herausholen. Aber Senna versucht alles. Seine Kompromißlosigkeit, sonst vor allem beim Überrunden gezeigt, kommt ihm jetzt zugute. In der zweiten Runde überholt er Patrese und Nannini, ist Sechster. Rückstand auf Prost: Neun Sekunden. In der dritten Runde schnappt er sich seinen Freund Thierry Boutsen, ist Fünfter. Aber der Rückstand auf Prost ist wieder eine Sekunde größer geworden. Überholen kostet Zeit... In der vierten Runde ist Alboreto dran: Platz vier – 12,9 Sekunden Rückstand, eine Runde später sind es über 13. »Aber dann kam ich allmählich in meinen Rhythmus, wurde schneller und schneller.«
Bis zur zehnten Runden knabbert er zehntelsekundenweise an Prosts Vorsprung. Es sind noch 11,6 Sekunden, als er auf Gerhard Berger aufläuft, sich von ihm den dritten Platz holt, weiter Boden gutmacht. Vorne hat Prost überraschend den jungen Ivan Capelli im March im Rückspiegel – und ein Blick in den Himmel verheißt ihm auch nichts Gutes: Dunkle Wolken, Regen droht. Und Sennas Fähigkeiten auf nasser Fahrbahn sind be-

NACIONAL
elf
BELL

Marlboro
Marlboro
Shell
Shell
Shell
Shell
12
11
12

kannt. In der 14. Runde fallen die ersten Tropfen. Es ist nicht richtig naß, aber die Strecke wird ein bißchen schmierig. In der 16. Runde übernimmt Capelli sogar ganz kurz von Prost die Führung, aber der Franzose kann kontern. Senna kommt immer näher, holt bis zu zwei Sekunden pro Runde auf, in der 20. sind es fast fünf auf einmal. »Weil ich Probleme mit meinem Getriebe hatte«, sagt Prost später.

Kaum hat Senna zu den beiden Spitzenreitern aufgeschlossen, verabschiedet sich Capelli mit Motorschaden. Die beiden Titelkandidaten sind allein im direkten Duell – Symbolbild einer ganzen Saison, vielleicht einer ganzen Ära.

Es dauert bis zur 27. Runde, dann geht Senna am Ende der Start-Ziel-Geraden vorbei. Der Kampf ist vorüber. Prost kann nicht mehr kontern, auch wenn es zeitweise wieder aufhört zu regnen. »Ich hatte immer wieder Probleme mit den Gängen – und habe auch viel Zeit im Verkehr verloren…«

Das alte Thema: Senna überrundet so hart und konsequent wie kein anderer. Er baut seinen Vorsprung aus, zwei Runden vor Schluß sind es neun Sekunden. In dieser letzten Phase kommt der Regen wieder, eher stärker als zuvor. Ein paarmal deutet Senna zum Himmel, fordert einen Abbruch. Aber die Funktionäre reagieren nicht. »Dabei regnet es hinten, am anderen Ende der Strecke, noch viel stärker.«

Also muß er warten, muß er zittern bis zur letzten Runde, der 51., bis zur letzten Kurve. »Erst da war ich mir sicher.« Als er auf die Start-Ziel-Gerade einbiegt, nimmt er eine Hand vom Lenkrad, ballt die Faust. Er weiß, er ist

Der erste WM-Titel – nach hartem Kampf gegen Alain Prost in Suzuka ist das Traumziel endlich erreicht: »Aber der Druck war fürchterlich.«

Endlich kann Ayrton sich über seinen Titel freuen – mit Honda-Chef Soichiro Honda.

am Ziel seiner Träume. Als er über die Ziellinie fährt, reißt er jubelnd beide Arme nach oben, immer wieder, fast den ganzen Weg hinunter bis zu ersten Kurve. Er hat seinen Renningenieur Steve Nichols am Funk, schreit ihm förmlich immer wieder ins Ohr: »Wir haben's geschafft, wir haben's geschafft.« Und dann läßt er sich einen Moment lang richtig fallen, lehnt den Kopf kurz nach hinten an die Cockpitwand. Die Anspannung eines ganzen Jahres, vielleicht sogar vieler Jahre, weicht, löst sich auf in Tränen. Bei der Fernseh-Pressekonferenz sieht man seine verweinten, geröteten Augen, und er ist immer noch von Emotionen überwältigt: »Ich kann immer noch nicht glauben, daß es vorbei ist. Die Saison war so lang, für Alain und für mich, es war ein unglaublich harter Kampf, und obwohl wir immer versucht haben, es weniger schmerzhaft für uns zu machen, war der Druck fürchterlich«, sagt er, und die Stimme erstickt noch immer fast an den mühsam unterdrückten Tränen.

Sie kommen immer wieder, auch noch am späten Nachmittag, als er noch einmal in der Boxengasse steht, Fernsehinterviews gibt. Auf der großen Videowand läuft gerade noch einmal der Rennfilm. »Du warst so auf dein Ziel fixiert, daß du auf deinem Weg nach oben viele Freundschaften geopfert, Leute beiseitegestoßen hast. Jetzt ist der Druck weg, wird sich das jetzt ändern?« fragt ihn Reginaldo Leme vom brasilianischen Fernsehen. Die Antwort sind neue Tränen, die ihm übers Gesicht laufen. Am Abend genießt er seinen bisher größten Triumph – der bis zum Schluß immer »der schönste Moment meiner Karriere« bleiben wird – noch einmal, auf ganz eigene Art. Fuji-TV hat ihm eine Videoaufzeichnung des

Rennens geschenkt, ohne Kommentar, aber mit allen Originalgeräuschen, und ihm auch einen Recorder in seinem Zimmer im Suzuka Circuit Hotel angeschlossen. Ganz allein, im Dunkeln vor dem Fernseher, fährt er das »bisher beste Rennen meines Lebens« in Gedanken und Bildern noch einmal.

In den nächsten zwei Jahren, die geprägt sind von der Auseinandersetzung mit Alain Prost, holt er zwölf weitere Siege und 1990 einen zweiten WM-Titel – und verändert sich. Er öffnet sich wieder mehr, spätestens ab Ende 1989, ab dem Tiefpunkt der in Suzuka verlorenen WM, mit all den häßlichen Begleitumständen»Ich habe selbst im Umgang mit der Öffentlichkeit auch Fehler gemacht«, gesteht er ein und bittet: »Laßt uns neu beginnen. . .« Jetzt kann man seine andere Seite wieder sehen. Aber viele wollen nun nicht mehr.

Das einmal geprägte Bild bleibt hängen. Die Veränderung bedeutet auch mehr Ausgeglichenheit, mehr Ruhe – von ein paar wenigen Ausnahmen abgesehen. Was bleibt, ist der Einsatz und der unbedingte Wille zum Siegen. »Ich fahre nur, um zu gewinnen. Alles andere gibt mir nichts«, sagt er immer wieder. Die Emotionen, die er in der Formel 1 sucht, er findet sie in der Annäherung an die Perfektion – und im Gewinnen.

Start zu einem der schönsten, aber auch härtesten Rennen in Sennas Karriere: Interlagos 1991, zum erstenmal gewinnt er zu Hause.

Vor allem in Brasilien. Nirgendwo anders war ihm ein Sieg so wichtig. 1991 ist der achte Anlauf, endlich seinen Heim-Grand-Prix zu gewinnen, seinem Publikum, das ihn immer das ganze Wochenende feiert, »endlich einmal all diese Freude, diese Gefühle, die die Leute mir entgegenbringen«, zurückgeben zu können.

Die Voraussetzungen scheinen 1991 optimal. Es ist das zweite Rennen der Saison, Senna kommt mit einem überlegenen Sieg beim Auftakt-Grand-Prix in Phoenix nach Interlagos. Interlagos, ein südlicher Vorort seiner Heimatstadt São Paulo, Interlagos, dort, wo im Kart seine Karriere begann, wo er jeden Zentimeter kennt, wo eine Streckenpassage nach ihm benannt ist… Es ist der Grand Prix, auf den er sich einerseits freut wie auf keinen anderen, der aber auch mehr Belastung bringt als jeder andere. Erstens durch die hohen Erwartungen – nicht nur die der anderen, auch seine eigenen. Und zweitens, weil der Wirbel noch um einiges größer ist als irgendwo anders. Die 50 Meter zu Fuß vom Hubschrauber zur Box können hier zum Problem werden, zum Kampf, um nicht von euphorischen Fans erdrückt, von unzähligen neugierigen Reportern mit Kameras und Mikrofonen geradezu erschlagen oder erstochen zu werden. Für ihn ist das besonders schwierig. Denn wenn er etwas haßt, dann, wenn man ihm den halben Meter Raum nicht mehr läßt, zum Atmen, zum Sich-noch-bewegen-können. Leute, die sich zu dicht an ihn herandrängen, ständige Berührungen, das ist ihm immer äußerst unangenehm, ob in Fan- oder Journalistentrauben. »Laßt mir doch ein bißchen Platz« – wie oft bittet er fast verzweifelt darum.

Aber gerade in Brasilien kann er immer erstaunlich gut damit umgehen – wahrscheinlich, weil er die Liebe und Verehrung hinter dem Tumult genau spürt und zu schätzen weiß. Als er am Donnerstag an die Strecke kommt, gibt es schon einen ersten Grund zum Feiern. Es ist sein 31. Geburtstag. Die Tortenschlacht in der sonst so penibel sauberen McLaren-Box ist wild, mehrere Mechaniker und auch Fotografen sind daran beteiligt. Am Ende hat Senna einen großen Teil der Torte im Gesicht. Das nimmt er noch mit Humor. Aber dann wird er sauer, als er endeckt, daß in dem ganzen Trubel irgend jemand einen Umschlag mit den Tickets für seine Freunde und Gäste geklaut hat, den er zusammen mit seiner berühmten blauen Nacional-Mütze beiseite gelegt hatte. Wütend tobt er durch die mit Sahnetortenfragmenten verschmierte Box, tritt schon mal gegen die eine oder andere Kiste – und genau in dem Moment kommt Ron Dennis zur Tür herein. Der immer korrekte, penible, auf Ordnung bedachte McLaren-Boß schlägt erst einmal die Hände über dem Kopf zusammen.

Aber er bringt wieder Ordnung in seine Truppe – und Senna holt sich am Samstag plangemäß die Pole-Position. Allerdings mit einem gewaltigen Kraftakt in letzter Minute, um Riccardo Patrese noch zu verdrängen, der bereits andeutet, wie stark die Konkurrenz von Williams in diesem Jahr noch werden wird. 1:16,775 hat er vorgelegt, und als die Uhren in Sennas letzter Runde vor der karierten Flagge auf 1:16,392 stehenbleiben, gehen ein Aufschrei und eine Welle der Begeisterung durch Interlagos, als wäre Brasilien im Maracana-Stadion gerade Fußball-Weltmeister geworden.

Es ist der erste Schritt zum Heimtriumph – aber keiner ahnt, welches Drama der Rennsonntag noch bringen wird. Es wird ein Rennen, das in die Geschichte eingeht, ein Rennen voller Emotionen, voller wechselnder Situationen, voller Klasse, voller Kampf und Einsatz bis zur absoluten Grenze – ein echtes Senna-Rennen eben.

Der Anfang ist eigentlich noch ganz normal. Ayrton gewinnt den Start, liegt von Anfang an in Führung, kann sich aber nicht so recht von Nigel Mansell absetzen. Der bleibt immer in Schlagdistanz, macht Druck. Senna wußte schon nach dem Aufwärmtraining am Vormittag, »daß wir hier nicht unbedingt das schnellste Auto haben würden, daß es gegen die Williams sehr schwer werden würde.« Und er muß gerade in dieser Anfangsphase viel schneller fahren, als er eigentlich wollte, um vorne zu bleiben, »um wenigstens die paar Sekunden Sicherheitsabstand zu haben, die man braucht, um zum Beispiel beim Überrunden nicht in kritische Situationen zu kommen.«

Sennas Reifenwechsel klappt zwar optimal, aber sicher sein kann er sich nicht. Erst als Mansell in der 50. Run-

Nichts gegen Journalisten – aber das Eingekeiltsein in der Menge haßt Senna wie die Pest... Verhindern kann er es selten...

POWERLINER
HONDA
HONDA

Nigel Mansell im Williams-Renault ist in Brasilien 1991 bis zu seinem Ausfall ein sehr harter Gegner.

de zum zweitenmal an die Box muß, weil er sich einen Reifen aufgeschnitten hat, spürt er eine gewisse Erleichterung. Aber nur für ganz kurze Zeit, denn dann bekommt er Probleme mit seinem eigenen Auto: »Zuerst ließ sich der vierte Gang nicht mehr einlegen, ich mußte immer direkt vom dritten in den fünften schalten. Dann gingen plötzlich auch andere nicht mehr, sprangen heraus. Das Getriebe spielte einfach verrückt. Es war wahnsinnig anstrengend, so zu fahren. Mit der rechten Hand mußte ich immer den Schalthebel, der noch dazu ein bißchen locker war, festhalten, nur mit der linken Hand lenken, aufpassen, nicht noch einmal einen falschen Gang zu erwischen.«

Sollte er seinen Heimsieg wieder verlieren? Mansell kommt wieder näher – aber in der 60. Runde jubeln die Brasilianer. Der Engländer dreht sich am Ende der Start-Ziel-Geraden, auch er hat Getriebeprobleme. Als er weiterfahren will, »sind keine Gänge mehr da.« Weil er das Auto dermaßen mit Gewalt herumgedreht hat, daß die Antriebswelle abgerissen ist, wird nachher gelästert.

Wie auch immer, Senna hat wieder ein bißchen Luft. Immerhin hat er auf Riccardo Patrese gute 40 Sekunden Vorsprung. Aber plötzlich werden seine Rundenzeiten dramatisch langsamer, verliert er auf einmal sechs bis sieben Sekunden pro Runde auf den Italiener. »Sieben Runden vor Schluß brachte ich überhaupt keinen Gang mehr hinein.« Er ist verzweifelt. »Jetzt verliere ich diesen Sieg doch noch«, denkt er, »nachdem ich so gekämpft habe. Die Schultern, die Arme, alles tat mir wahnsinnig weh.« In Panik, mit einem letzten Funken Hoffnung, aus dem er sich noch einmal Kraft holt, probiert er es noch einmal – und dann läßt sich tatsächlich doch wieder ein Gang einlegen. Es ist der sechste, der einzige, der noch funktioniert. Er läßt ihn drin bis zur Zielflagge, versucht gar nicht mehr zu schalten.

»Aber es ist unglaublich schwierig, so lange nur im sechsten Gang zu fahren. Wenn man von 300 auf 70 herunterbremsen muß, ohne dabei runterschalten zu können, der Motor schiebt noch mit voller Power… Ich war so oft knapp am Rausfliegen!«

Er versucht, sich auf die veränderte Situation einzustellen: »Man darf die langsamen Kurven auch nicht zu langsam fahren. Wenn die Drehzahl zu sehr absinkt, besteht die große Gefahr, daß der Motor abstirbt. Ich mußte meinen Fahrstil komplett ändern.«

Er schafft es, wieder etwas schneller zu werden, verliert jetzt nur noch zwei bis drei Sekunden pro Runde. In der McLaren-Box ist längst das große Zittern ausgebrochen. Während in den Fernsehkabinen alle Kommentatoren rätseln, weiß man dort über die Probleme Bescheid. Auch Riccardo Patrese, der immer mehr Boden gutmacht, ist darüber informiert, daß Senna Schwierigkeiten hat. Aber er ist hin- und hergerissen. Was soll er tun? Einen Großangriff riskieren? Auch sein Auto läuft nicht mehr optimal, die Getriebeautomatik im Williams entwickelt zeitweise ein Eigenleben. Um den Sieg kämpfen und dabei einen Ausfall riskieren? Oder doch lieber sicherer Zweiter werden? Riccardo tendiert eher zur zweiten Lösung, vor allem, als es in den letzten zwei, drei Runden auch noch zu regnen anfängt, erst leicht, dann immer stärker.

Aber von diesen Überlegungen weiß Senna nichts, der nur immer in den Spiegel schaut: »Wo ist er, wie groß ist der Abstand, kann ich ihn schon sehen? Wie viele Runden noch?« Im Regen sieht er ausnahmsweise einmal keine Hilfe: »Ich kenne mich zwar gut aus hier, ich wußte genau, von wo der Regen kommt, welche Ecken zuerst naß sein würden. Aber mit einem derart angeschlagenen Auto wurde es jetzt natürlich noch schwieriger, die Kontrolle zu behalten. In den langsamen Kurven mußte ich jetzt ja noch langsamer fahren.«

Er kann es gar nicht glauben, daß Patrese noch nicht ganz aufgeschlossen hat, und redet im Cockpit mit sich selbst: »Ich habe mir immer wieder vorgesagt, es ist okay, du schaffst es, es wird klappen…« Und er betet, wie er später zugibt, »darum, daß ich es durchstehe, daß das Auto noch bis zur Flagge hält, daß ich diesen Sieg behalten darf. Ich glaube, Gott hat mir diesen Sieg geschenkt.«

Kaum ist der McLaren über die Ziellinie gerollt, bleibt er in der Auslaufrunde stehen. Der Motor ist endgültig abgestorben. Senna will sich – endlich – ein bißchen entspannen, aber es geht nicht. In dem Moment, in dem er »losläßt«, in dem sich die absolute Konzentration auflöst, »überfallen mich die Schmerzen wie ein Schlag. In meinen Armen, in meinen Schultern, unglaublich intensiv, unglaublich stark.« Minutenlang bleibt er regungslos im Auto sitzen. »Ich wußte nicht, ob ich schreien, weinen oder lachen sollte, ich konnte mich kaum bewegen. Aber ich wollte hier doch unbedingt aufs Podium, zur Siegerehrung. Schließlich half mir Wilson Fittipaldi beim Aussteigen…«

Ein Auto der Rennleitung bringt ihn zurück an die Boxen. Als er aussteigt, noch bevor er mühsam, mit Tränen der Freude und des Schmerzes kämpfend, auf das Siegerpodest steigt, ist

einer der ersten Gratulanten sein Vater. Er umarmt ihn, es ist nur ein kurzer Moment, aber einer voll unendlich viel Gefühl. Als er schließlich auf dem Podest steht, in der linken Hand die brasilianische Flagge, in der rechten den Siegerpokal, verläßt ihn die Kraft. Er will den Pokal hochstemmen, es klappt nicht ganz, Ron Dennis muß helfen. »Ich kann im Moment überhaupt nicht denken, nichts sagen, mein Kopf ist leer. Ich bin nur unendlich glücklich«, das sind seine ersten Worte, ehe er dieses Traum- und zugleich Alptraum-Rennen noch einmal erzählt.

Dann will er möglichst schnell »zum Team, zu meinen Freunden, zu meiner Familie.« Er geht noch immer ganz unnatürlich steif, kann sich nicht richtig bewegen. Josef Leberer massiert ihn, noch bei McLaren in der Box, über eine Stunde: »Alles war so verkrampft, so etwas habe ich noch nie erlebt. Das wird wahrscheinlich Tage dauern, bis es ganz weg ist. Was er in diesen letzten Runden geleistet haben muß, ist fast übermenschlich.« Aber gute zwei Stunden nach Rennende geht es ihm schon wieder besser. Eine Menge brasilianischer Fans haben vor der McLaren-Box ausgeharrt, feiern ihn. Er bedankt sich sichtlich gerührt, die wenigen Gratulanten in der Box selbst, die noch einmal gekommen sind, bekommen sogar eine Umarmung, und daß er seine letzte Distanz so aufgibt, zeigt den Überschwang der Gefühle.

Er darf die Freude, zu Hause zu gewinnen, noch einmal auskosten, und zwar 1993, einerseits »nur« eine Wiederholung, andererseits auch unglaublich schön, »ganz anders als '91, weil völlig unerwartet«. Der Sieg ist mit unterlegenem Material er-

Diesmal kann Senna die Euphorie der Fans genießen: Sieg in Interlagos 1993.

RESCUE 3
FETY CAR
Tempra 16V

NACIONAL
Shell
BOSS

kämpft, durch optimales Ausnutzen günstiger Umstände, des Regens, dazu der Fehler von Prost, der mit seinem Reifenwechsel viel zu lange wartet und von der Strecke rutscht. Diesmal kann er den Erfolg noch mehr genießen, weil er fit ist. Als er aus dem Auto steigt, kann er sich von seinem Publikum feiern lassen. Und er selbst feiert bis fünf Uhr früh bei einer Riesenparty in der Nobel-Disco Limelight in São Paulo, ausgelassen, unbeschwert, »over the moon«, wie er das selbst nennt. Die Nachwehen spürt er »fast eine Woche lang, es war so ziemlich die wildeste Fete, an die ich mich erinnern kann.« Und es ist die Nacht, in der er Adriane kennenlernt, ein 19jähriges blondes Fotomodell, Adriane Galisteu, die bald immer öfter an seiner Seite zu sehen ist, auch an den Rennstrecken. Was für ihn etwas Besonderes ist…

In Donington, zwei Wochen nach Brasilien, ist sie noch nicht dabei. Sie verpaßt damit den vielleicht größten Triumph seiner ganzen Karriere.

Schon die Startrunde wird in die Rennsportgeschichte eingehen. Die Strecke ist naß, aber kurz vor dem Start hat es fast aufgehört zu regnen. Trotzdem sind alle noch auf Regenreifen. Senna erwischt nicht einmal einen optimalen Start, kommt vom vierten Startplatz aus nur als Fünfter weg. Nach einem kurzen, aber harten Duell mit Michael Schumacher ist er Vierter. Dann geht er an Karl Wendlinger, der einen Superstart erwischt hatte, außen vorbei – Platz drei. Damon Hill ist der nächste, den er sich schnappt, und auch der führende Alain Prost hat ihm nichts entgegenzusetzen. Senna kommt mit klarem

Die grenzenlose Freude über den zweiten Heimsieg: Und Juan-Manuel Fangio, den Senna sehr bewundert, gratuliert herzlich.

Zitate

1988

Der Fehler in Monaco war der Wendepunkt dieser Saison für mich. Ich habe zusammen mit meiner Familie daraus Kraft geschöpft, mir viel geistige Stärke geholt. Erst dieser Fehler hat mir letztlich die Kraft gegeben, den Druck dieser Saison auszuhalten.

Ja, ich habe geweint, als ich durchs Ziel fuhr. Ich konnte es nicht glauben, konnte nicht glauben, daß es wirklich vorbei ist. (In Suzuka)

Meine einzige Motivation in der Formel 1 ist, erfolgreich zu sein. Wenn ich nur noch mitfahre, könnte ich meinen Job als Rennfahrer nicht mehr vor mir selbst vertreten.

1989

Der Rennsport liegt mir im Blut und die gegenwärtige Situation motiviert mich nur, gegen sie anzukämpfen. Ich habe darüber nachgedacht, aufzuhören, aber ich bin ein Profi, habe auch Verantwortung. Und ich bin auch ein Mensch. Die Werte, die ich in meinem Leben habe, sind stärker als der Wunsch anderer Leute, diese Werte zu beeinflussen oder zu zerstören. Ich weigere mich, vor einem Kampf wegzulaufen. Das ist meine Mentalität. (In Adelaide)

Ich habe vielleicht auch Fehler gemacht, vor allem im Umgang mit der Öffentlichkeit. Ich habe einzelne schlechte Erfahrungen, die ich gemacht habe, zu sehr verallgemeinert. Ich muß versuchen, neu anzufangen. (Auch in Adelaide)

1990

Meinen Respekt vor Prost habe ich schon lange verloren.

Die Religion, der Glaube an Gott, ist wichtig für die innere Ausgeglichenheit, die einem dann hilft, Probleme zu lösen. Wenn ich in einem Zustand völliger Ruhe und innerer Sicherheit bin, dann kann ich meine Arbeit optimal machen. Beten hilft mir, das Vertrauen in mich selbst und in meine Fähigkeiten zu finden – aber ich bete nicht darum, zu gewinnen.

Das Leben ist etwas, was Gott uns gibt. In vielen Fällen liegt es an uns, Gott zu zeigen, daß wir es verstehen, daß wir Gesundheit und Leben als ein sehr großes Geschenk betrachten. Es ist unsere Verantwortung, ein solches Geschenk zu bewahren.

1991

Wir sind einfach völlig verschieden, ich habe meine Erziehung, er seine. Ich gehe meinen Weg, er geht seinen. Ich kann nur sagen, daß ich auf meinem Weg glücklich bin, ob er es auf seinem auch ist, weiß ich nicht.
(über Prost)

Mein Ziel ist es, zu gewinnen und dabei immer absolut mein Bestes zu geben, der absoluten Perfektion so nahe wie möglich zu kommen.

Ich bin im Moment geradezu abhängig vom Gewinnen. Die Befriedigung, die Gefühle, die ich aus Siegen ziehe, das ist es, was mich weitertreibt.

Vorsprung als erster aus der ersten Runde. Nach zwei Runden führt er mit sechs Sekunden Vorsprung.
Die Bedingungen in Donington wechseln ständig. Abtrocknende Strecke, dann wieder Regen, mal stärker, mal schwächer. Es ist ein Rennen der Taktik, der Reifenwechsel – und des absoluten Fahrgefühls, des Könnens, sich auf die unterschiedlichen Verhältnisse perfekt einzustellen. Und Senna deklassiert alle, vor allem Prost im anerkannt besten Auto. Er wechselt viermal die Reifen – Alain Prost siebenmal. Ron Dennis spricht später vom großen Teamerfolg, aber oft entscheidet auch Senna selbst, ob und wann er hereinkommt. Auf feuchter Strecke fährt er mit Trockenreifen zeitweise drei Sekunden schneller als Prost mit Regenpneus, hat das komplette Feld überrundet. Erst in der Schlußphase, als er schon absolut auf Nummer sicher geht, kann sich Damon Hill, der am Ende noch vor Prost Zweiter wird, zurückrunden.
Auf dem Siegerpodest scheint er geradezu auf Wolken zu schweben. Und auch danach ist er souverän. Als Prost anfängt, all die Probleme aufzuzählen, die er mit seinem Auto gehabt habe, grinst Senna ihn nur an: »Vielleicht sollten wir die Autos tauschen.«

Egal, was jetzt noch kommt – immerhin steckt er mitten im Vertragspoker mit McLaren – »dieser Tag allein war es wert, daß ich doch dieses Jahr wieder eingestiegen bin.«
Niki Lauda gratuliert am Telefon: »Ich habe noch nie ein solches Rennen gesehen. Du hast das allerbeste Menschenmögliche getan, das man unter diesen Bedingungen nur tun konnte. Dein bisher bestes Rennen!«

Auch Senna selbst weiß, welches Meisterstück er da geliefert hat. »A statement of an art« nennt er Donington, »eine Demonstration von Kunst.« Und er sagt: »Dieses Rennen ließ keinen Raum für Dialoge, es war ein Monolog.« Trotzdem bleibt er bei seiner Philosophie: »Es muß immer noch eine Steigerung geben, ich will immer daran glauben, daß das nächste Rennen noch besser sein kann.

Die legendäre Startrunde von Donington '93: zuerst ein Fight mit Schumacher.

Mein bestes Rennen – ich warte immer darauf, daß ich es in der Zukunft fahren werde. Ich brauche das, es ist ein Teil meiner Motivation.«
Eine Steigerung von Donington findet er nicht mehr. Australien 93, seinen letzten Sieg, stellt er allerdings »quasi auf die gleiche Stufe…«

NACIONAL
TENCEL
BOSS
GOODYEAR
Marlboro

»Ich muß lernen, Geduld zu haben«

Vom schwierigen Umgang mit dem Mißerfolg

Wenn man nur auf die großen Triumphe sieht, war 1993 ein großes Senna-Jahr. Aber das ist nur die halbe Wahrheit. Denn für den absoluten Siegertyp Senna ist 1993 in Wirklichkeit vielfach eine harte Probe. Wie schon das Vorjahr...

Nach dem dritten WM-Titel 1991 kommt 1992 der technische Absturz. Senna muß feststellen, daß er mit dem McLaren-Honda gegen die Williams-Renault unter normalen Umständen nichts mehr ausrichten kann. Und er sieht keine große Zukunftsperspektive. Ab Mitte des Jahres wird klar, daß McLaren die Honda-Motoren verlieren wird, und so sehr Ron Dennis auch um Renault-Triebwerke kämpft, die Chancen dafür stehen

Vor jedem Erfolg steht die perfekte Vorbereitung - jedes Detail muß stimmen.

nie besonders gut. Damit steht für ihn hinter dem Namen McLaren für 1993 ein Riesenfragezeichen. Bei Ferrari kann man ihm auch nur viel Arbeit, aber kein Sieger-Auto versprechen. Bleibt nur Williams. Dort will er unbedingt hin. Nur mit dem Williams rechnet er sich 1993 echte Chancen aus. Und zum Hinterherfahren hat er absolut keine Lust mehr: »Lieber mache ich ein Jahr Pause, so wie Prost dieses Jahr«, kündigt er im Sommer, in Silverstone, zum erstenmal an.

Die Drohung steht im Raum – es ist der Versuch, eine Entwicklung abzuwenden, die eigentlich schon gelaufen ist. Alain Prost, Sennas großer Rivale der letzten fünf Jahre, hat nach seinem Rausschmiß bei Ferrari Ende 1991 schon sehr früh zu Williams Kontakt aufgenommen – für 1993. Schon im Frühjahr 1992 ist der Deal quasi perfekt, und das mit einer Klausel, die Prost wichtig ist: Senna darf – zumindest im ersten Jahr – nicht sein Teamkollege werden. »Weil das nie funktionieren würde, wie wir ja aus der Vergangenheit wissen«, wie Prost intern meint.

»Weil er Angst vor echter Konkurrenz hat, weil er ein Feigling ist«, wie Senna wütend schimpft, als er in Portugal im September erfahren muß, daß all seine Versuche, doch noch bei Williams zu landen, gescheitert sind. Er hatte sogar angeboten, dort »umsonst zu fahren, um zu beweisen, wie viel mir daran liegt, dieses Auto zu bekommen…«

Frank Williams träumt lange vom »Traumteam« Senna-Prost, aber Alain läßt sich nicht überzeugen, pocht auf seine Klausel: »Wenn ihr Senna holt, dann gehe ich.« Die letzte Entscheidung zwischen den beiden Superstars trifft wohl Renault. Dort will man endlich einen französischen Weltmeister.

Senna, schwer enttäuscht, wird wieder einmal sehr emotional, kann sich mit dieser Niederlage auf jener Ebene, die er für Prost-typisch hält, der Politik, kaum abfinden. Er reagiert auch mit einem gewissen Trotz: »Vielleicht sollte ich mir überlegen, jetzt doch um jeden Preis weiterzumachen, schon um ihm nicht kampflos das Feld zu überlassen.«

Aber die Stimmungen schwanken. Aufhören, sich nicht noch so ein Jahr antun, in dem die Frustration über die eigene Chancenlosigkeit die Freude an der Faszination des Fahrens überwiegt? Aufhören – und damit kampflos Prost den WM-Titel überlassen? Oder doch die Herausforderung annehmen, dort eine Chance suchen, wo eigentlich niemand eine sieht? Das Risiko eingehen, noch mehr geben zu müssen, als man sowieso schon gibt, dabei vielleicht in extrem gefährliche Grenzbereiche vorzustoßen? Oder über Alternativen nachdenken, die bisher ziemlich weit weg schienen, über Amerika, die IndyCar-Serie zum Beispiel?

In den zwei Wochen zwischen den beiden letzten Saisonrennen 1992, zwischen Japan und Australien, ist Senna sehr nachdenklich, unentschlossen, auch ein bißchen verunsichert. Er scheint wirklich nicht zu wissen, was er tun soll. Eigentlich, ganz tief drin, will er wohl doch fahren. Manchmal sucht er schon fast krampfhaft Erklärungen dafür, mit denen er rechtfertigen könnte, daß er doch bei McLaren weitermacht – ent-

gegen früheren Erklärungen, zum Beispiel noch in Spa, daß er mit 99prozentiger Sicherheit von McLaren weggehen und ein Jahr Pause machen werde. Da ist natürlich einmal die Herausforderung Prost, aber er findet auch andere Gründe: »Aus meiner Generation gibt es doch kaum Fahrer... Einerseits sind da die wesentlich älteren, dann die ganz jungen – aber von uns? Außer dem Gerhard, dem Martin Brundle ist da doch nicht mehr viel...« Und er denkt über die Verantwortung nach, gegenüber dem Publikum, gegenüber seinen Fans: »Denen kann ich viel geben, das weiß ich...« Wenn man aus guten Gründen sein Leben, seinen Weg ändern müsse, dann sei das ja in Ordnung. »Aber wenn das aus den falschen Gründen geschieht, dann ist es schlecht, und ich fühle mich nicht gut dabei...«

Aber er baut sich auch Brücken für den Fall, daß er sich doch zurückziehen würde: »Wir können doch nicht wissen, warum manche Dinge so passieren, wie sie eben passieren. Vielleicht soll es ja aus irgend einem Grund einfach so sein, daß ich nächstes Jahr nicht fahre, ist es vorbestimmt. Solche Dinge liegen nicht unbedingt in unserer Hand...«

Viele, die ihn besser kennen, sagen: Ein Jahr Pause, so wie Prost es 1992 vorgemacht hat, und dann zurückkommen, das kann er nicht. Wenn er einmal weg ist, dann ist er für immer weg, weil er sich dann in dieser Zeit eine Beschäftigung suchen würde, die ihn auch hundertprozentig ausfüllt. »Ich weiß es nicht«, sagt er dazu, nach langem Überlegen, »ich weiß es wirklich nicht, alles ist möglich...«

Ob er es andererseits ganz ohne Rennen aushalten würde? Er, der ja selbst glaubt, daß das Rennfahren in gewisser Weise wie eine Droge sei, »etwas, von dem man abhängig wird – und es ist ja bewiesen, daß der menschliche Körper in bestimmten Belastungssituationen drogenähnliche Stoffe wie Adrenalin produziert...« Auch da die gleiche Unsicherheit – und die unausgesprochene Bitte: »Bitte nicht weiterdrängen. Ich weiß ja wirklich für mich selbst keine Antworten.«

Er kommt nach Adelaide, zum letzten Saisonrennen, gleichzeitig auch das Abschiedsrennen des neuen Weltmeisters Nigel Mansell, der sich in Richtung amerikanische IndyCar-Serie verabschiedet. Die beiden kämpfen noch einmal erbittert um die Führung, bis der letzte gemeinsame Auftritt mit einer Kollision endet. »Weil Mansell fünfzig Meter zu früh gebremst hat, womit er mich überrascht hat. Ich war so knapp hinter ihm, daß ich nicht mehr verhindern konnte, ihm draufzufahren«, sagt Senna, der nach seinem Ausfall in der McLaren-Box das ganze Rennen am Bildschirm verfolgt, seinem Teamkollegen Gerhard Berger die Daumen drückt, mitzittert und sich am Ende riesig über Gerhards Sieg freut.

Mansell ist natürlich anderer Meinung, spricht von »Absicht«, rennt zu den Sportkommisaren, um zu protestieren, bekommt aber nicht einmal von seinem eigenen Team Unterstützung. Die heutigen exakten Telemetriedaten zeigen genau, wo ein Fahrer bremst... Daß Mansell auf der Strecke nach dem Crash einfach wutentbrannt weggerannt ist, daß es zwischen den beiden langjährigen Kontrahenten kein »Good bye« mehr gab, tut Senna ein bißchen leid: »Ich hätte mich gern mit einem Handschlag von ihm verabschiedet, nach so vielen gemeinsamen Jahren in der Formel 1.«

Der Frust zweier langer Jahre ohne Top-Material...

Vom Glamour der Formel 1 bleibt bei einsamen Testfahrten nicht viel – nur harte Arbeit.

Als er selbst am Abend geht, sich wie immer von all seinen Mechanikern und Technikern verabschiedet, ganz normal, ohne besondere Emotionen, da hat man nicht unbedingt das Gefühl, daß er selbst wirklich daran glaubt, er werde nicht zurückkommen.

Die große McLaren-Saisonabschlußparty Sonntag nacht im Adelaide Hilton schwänzt er zwar, aber an diesem Abend vereinbart er mit Ron Dennis: »Sieh zu, was du für Motoren bekommst, und wenn das neue Auto dann im Januar, Februar fertig ist, dann werde ich mal testen und mich dann entscheiden.«

Was aber zu diesem Zeitpunkt noch keiner öffentlich sagt, so daß die Spekulationen weiter wilde Blüten treiben. Die Italiener verheiraten ihn weiter mit Ferrari, obwohl dort ja Gerhard Berger und Jean Alesi Verträge haben – was in der Formel 1 freilich nicht viel heißt... Und Senna spielt das Spielchen mit. Da ein hingeworfener Satz: »Jeder weiß, daß ich immer mal für Ferrari fahren wollte«, dort eine Bemerkung, »alles kann passieren...« Es kann ja nicht so schlecht sein, wenn Ron Dennis vielleicht doch glauben muß, das sein Superstar auch Alternativen hat.

Anfang Dezember gibt McLaren offiziell bekannt, was alle schon ahnten: Man wird 1993 mit Ford-Motoren fahren, und zwar als Kundenteam, also schon vertraglich schlechter gestellt als Ford-Partner Benetton. Kurz vor Weihnachten testet Senna in Amerika, in Phoenix, einen IndyCar-Penske – sein Freund Emerson Fittipaldi, Penske-Stammfahrer, hat das eingefädelt. Und er äußert sich begeistert: »Endlich wieder richtiges

Auch mit vielen Ausfällen muß Senna 1992 leben. Der in Japan ist besonders bitter – beim letzten Honda-Rennen auf heimischem Boden.

Marlboro
NACIONAL
BOSS
1
EAGLE

Autofahren, nicht so viel Technik, da kann man als Fahrer noch wirklich was machen.«

Sätze, die die Formel-1-Verantwortlichen aufschrecken müssen. Wenn sie neben Mansell auch noch Senna nach Amerika verlieren, bekommt die Formel 1 gewaltige Probleme. Das weiß auch Ayrton, der nichts tut, um die Spekulationen zu beenden, »obwohl Amerika nie wirklich ein Thema war«, wie sein Cousin und Manager Fabio Machado später einmal sagen wird.

Ende Januar beginnt das Pokerspiel mit Ron Dennis, schon bevor Senna überhaupt zum ersten Test nach Europa kommt. Er hält die ersten finanziellen Vorschläge für völlig unakzeptabel. Dennis, der ihn aus über fünf gemeinsamen Jahren bestens kennt, bietet anfangs nur fünf Millionen Dollar. Senna will 15 – womit er gegenüber dem Vorjahr schon ein paar Abstriche macht. Beide haben in diesem Spiel ihre Trümpfe. Dennis weiß, daß Senna eigentlich unbedingt fahren will – und keine Alternativen hat. Und Senna weiß, daß Dennis ihn dringend braucht: Nur mit ihm hat McLaren wenigstens geringe Chancen, Williams in der WM gefährlich zu werden. Außerdem pocht der große Zigarettensponsor im Hintergrund auf einen Superstar im Team.

Am 10. Februar nennt McLaren bei der FISA in Paris plötzlich Michael Andretti und Mika Häkkinen als Fahrer. Ron Dennis will offenbar ein bißchen psychologischen Druck machen, und es scheint zu funktionieren. Nach einer Menge Aufregung im Senna-Büro in São Paulo, wo Fabio Machado von der Nachricht völlig überrascht wird, und ein paar langen Telefongesprächen zwischen England und Brasilien, wo Senna in seinem Strandhaus in Angra dos Reis die Sonne genießt, gibt es am nächsten Tag eine Nachmeldung des dreifa-

chen Weltmeisters. Nach den neuen Regeln darf man ja jetzt drei Piloten für zwei Plätze nennen.

Ende Februar testet Senna den McLaren-Ford dann doch, »auch wenn die anderen Probleme nur zum Teil gelöst sind.« Aber die Zeit drängt: Bis zum Saisonauftakt in Südafrika sind es nur noch 14 Tage. Er ist, wie er sagt, positiv überrascht, wie das Auto geht, und er ist auf Anhieb extrem schnell damit. In Kyalami fährt er, wird Zweiter. Vertrag gibt es immer noch keinen. Nur eine Vereinbarung jeweils von Rennen zu Rennen.

Das Spiel zwischen ihm und Dennis wird über Monate zur Seifenoper, kostet auf allen Seiten Substanz und Nerven. Die Entscheidung, »fährt er oder fährt er nicht?« fällt zum Beispiel in Brasilien erst am Mittwoch vor dem Rennen. Daß Senna trotzdem dort gewinnt, genau wie er zwei Wochen später in Donington mit einer Glanzleistung den hohen Favoriten Prost im Williams geradezu deklassiert, zeigt aber, daß er seine Konzentration dennoch behält.

Der »Höhepunkt« wird Imola: Anreise in letzter Minute, Senna kommt drei Minuten vor Trainingsbeginn am Freitag morgen im Fahrerlager an – nach einem zwölfstündigen Nachtflug aus Brasilien. Als er sich dann prompt nach ein paar Runden dreht und am Nachmittag im Zeittraining noch einmal, fehlt es nicht an Lästerern: »Das kommt davon, wenn man nicht ausgeschlafen ist.« Aber Senna wehrt sich: »Sicher war diese Gewaltaktion keine optimale Vorbereitung, aber die Dreher haben damit nichts zu tun, sondern mit einem Problem an unserer aktiven Aufhängung.« Warum überhaupt die späte Anreise?

Ayrton und sein enges Umfeld: Cousin Fabio Machado, Fitneßbetreuer Josef Leberer und John Connor, der bei Marlboro das Geld verteilt.

Sie hat diesmal nicht nur mit dem Dennis-Poker zu tun, es geht vor allem um den Krieg um die Ford-Motoren. Senna versucht alles, damit McLaren wenigstens Benetton gleichgestellt wird und die neueste Entwicklungsstufe, den »Serie VII«-Motor, bekommt.

Streng nach den bestehenden Verträgen geht das erst ab Silverstone im Juli, aber Ayrton wiederholt immer wieder: »Ford muß doch endlich begreifen, daß sie, wenn überhaupt, dann nur mit uns Weltmeister werden können, nicht mit Benetton. Ich habe denen auch gesagt, daß ich ohne die neuen Motoren für mich keinen Sinn darin sehe, weiterzumachen.«

Es ist der Versuch, mit allen Mitteln Druck zu machen, und der Krieg eskaliert. Benetton-Teamchef Flavio Briatore erzählt jedem, der es hören will oder nicht: »Keine Chance, daß McLaren die Motoren jetzt schon bekommt. Und wenn Senna nicht mehr fahren will, soll er's doch lassen.« Und er hängt den bösen Spruch dran: »Wer braucht ihn denn schon?« Im Spätsommer telefoniert er dann hinter ihm her, weil er daran denkt, ihn zu Benetton zu holen. Aber da ist Sennas Vertrag mit Williams für 1994 schon beschlossene Sache.

Vor und in Imola geht es jedenfalls rund. Zeitweise scheint Ford Benet-

ton schon überzeugt zu haben, doch klein beizugeben, aber dann gibt es wieder Rückzieher. Der neue Motor, in der Nacht von Freitag auf Samstag schon einmal vorsichtshalber in den McLaren eingebaut, muß wieder herausgenommen werden. Ayrton erklärt, warum er nun aber doch fährt, auch unter diesen Umständen: »Weil ich mir am Ende gesagt habe, daß ich Benetton ja nur einen Gefallen getan hätte, wenn ich nicht gefahren wäre. Dann hätten die mit ihrer sturen Haltung ja genau das erreicht, was sie wollten: mich als Gegner auszuschalten.«

Natürlich haben ihm die euphorischen Lobeshymnen nach den zwei Siegen in Brasilien und Donington gefallen, sind auch Motivation zum Weitermachen. »Ich habe nicht viel gelesen, was nach Donington in Europa in den Zeitungen stand, weil ich gleich nach Brasilien zurückgeflogen bin«, sagt er, »aber dort war's schon schön…« Und den angebotenen Stapel mit Kopien aus England und Italien blättert er gleich mal interessiert und mit leichtem Lächeln durch. Mit unterlegenem Material gewinnen zu können, zu zeigen, wer wirklich der Beste ist, das gibt ihm viel: »Das ist wirklich ein unglaubliches Gefühl. Es

Spiel der Hände – die bei Senna soviel ausdrücken können. . .

Zitate

1992

Wenn man einen Sport ausübt, der so voller Emotionen ist wie unserer, dann kann man diese Gefühle besonders gut mit jungen Menschen teilen und ihnen vielleicht davon etwas mitgeben, von Glück, Freude, Hingabe, Stärke – positiven Werten.

Prost ist ein Feigling. Er ist wie ein 100-Meter-Läufer, der als einziger mit Spikes antreten will, während alle anderen mit Bleischuhen laufen müssen.

Ich weiß, was das, was wir tun, für die Fans überall auf der Welt bedeutet; und ich fühle schon eine gewisse Verantwortung ihnen gegenüber.

1993

Mein momentanes Lebensziel ist es, aus dieser (Mißerfolgs)-Periode herauszukommen.

Ich habe mehr Erfahrung denn je, und ich schöpfe das Potential des Autos und mein eigenes voll aus. Dessen bin ich mir voll bewußt. Aber vielleicht könnte ich noch ein bißchen besser sein, wenn ich wieder in einer Situation wäre, die mir die absolute Motivation gibt, das wirklich Allerletzte aus mir herauszuholen.

ist nicht komplett neu für mich, aber sehr stark. Ein sehr, sehr starkes Gefühl, sehr tiefe Emotionen.«
Auch deshalb, weil es Siege ausgerechnet gegen den Erzrivalen Alain Prost sind? Das streitet er ab: »Das ist kein besonders positiver Teil meiner Motivation. Ich ziehe kein gutes Gefühl daraus. Mein Hauptziel ist zu gewinnen, egal gegen wen. So weit vorne zu sein wie möglich... Ich wäre in derselben Situation, hätte dieselben Gefühle, wenn da jemand anderes wäre.«
Was ihn sicher auch weitermachen läßt: In der WM sieht es gar nicht so schlecht aus. Imola bringt zwar einen Ausfall, aber dann ein zweiter Platz in Barcelona, ein weiterer Sieg in Monaco – er kommt als WM-Führender nach Kanada. Es gibt zwar immer noch keinen Vertrag, aber eigentlich denken die meisten gar nicht mehr so recht darüber nach. Irgendwann werden »die zwei Sturköpfe ihr Monopoly-Spiel um echtes Geld«, wie man die Diskussion bei McLaren intern inzwischen getauft hat, schon beenden. Und hat nicht Senna spätestens in Barcelona doch angedeutet, daß er davon ausgehe, jetzt schon das ganze Jahr zu fahren?
Aber in Montreal hinkt McLaren im Training gnadenlos hinterher. Senna bleibt auf dem achten Startplatz festgenagelt. So weit hinten stand er seit dem Großen Preis von Österreich 1986 nicht mehr.
»Ich kann nur abwarten, wie sich das Rennen entwickelt«, sagt er am Samstag, bevor er schon kurz nach vier Uhr nachmittags geht – für ihn, der normalerweise von allen Fahrern immer am längsten mit seinen Ingenieuren diskutiert, völlig ungewöhnlich. Zeichen von Resignation auch am Sonntag vormittag. Es geht um eine Terminabsprache für eine Geschichte für den deutschen Grand Prix, als er nachdenklich sagt: »Wer weiß, was bis dahin ist...«
»Heißt das, daß du jetzt doch wieder ans Pausieren denkst«, frage ich ihn, und er zuckt nur mit den Schultern.
»Ich weiß nicht, ich habe keine Ahnung, wie es weitergehen soll...«
Im Rennen aber kommt der alte Kampfgeist wieder. Die Startrunde hat starke Änlichkeit mit der von Donington. Vom achten Startplatz aus auf Rang vier, eine halbe Runde später schnappt er sich auch noch Gerhard Berger, ist Dritter. Als vorne Damon Hill im zweiten Williams ausfällt, scheint ein zweiter Platz möglich. Aber um ein frustierendes Wochenende komplett zu machen, fällt er acht Runden vor Schluß mit Lichtmaschinendefekt aus, und ist so enttäuscht wie selten – vor allem, weil er gegen Williams und Prost jetzt endgültig keine echte Perspektive mehr sieht.
Vor dem nächsten Rennen, dem französischen Grand Prix, steht alles auf Messers Schneide. Senna hat überall Druck gemacht: bei McLaren, in der Konzernzentrale des Hauptsponsors in Amerika, nicht nur in der Europa-Filiale in Lausanne, wo sonst meist verhandelt wird. Wenn schon nicht die Erfolge, dann soll wenigstens das Geld stimmen, Geld, das für ihn vor allem »eine Definition des eigenen Wertes« bedeutet. Aber wie man hört, will auch Ron Dennis jetzt eine endgültige Unterschrift, »sonst fährt eben Mika Häkkinen...« – sagt der »Big Boss« zumindest.
Die Situation scheint sich zuzuspitzen. Senna ist zwar in Magny Cours, kommt aber am Donnerstag nicht an die Strecke. »Wenn ich morgen früh im Auto sitze, dann für den Rest der Saison, wenn nicht, dann in diesem Jahr nicht mehr«, sagt er am Donnerstag abend zu einem brasilianischen Freund.
Freitag früh, eine Stunde vor Trainingsbeginn, einigt man sich endgültig. Unterschrieben wird der Vertrag allerdings erst eine Woche später in Silverstone.
Viele vermuten, daß Dennis beim Geld nachgegeben, Senna dafür vielleicht auch schon für 1994 unterschrieben hat – vor allem, weil er ab Magny-Cours immer davon redet, »Aufbauarbeit für das Team, für die Zukunft zu leisten.« Aber da liegen alle falsch. Denn zu diesem Zeitpunkt

Sommer 93 – Montreal: »Ich weiß nicht, wie es weitergeht!« ▷

Ron Dennis

McLaren-Teamchef

Ayrton Senna war ein außergewöhnlicher Rennfahrer. Seine Fähigkeiten, seine Stärke, sein Feingefühl und sein Mut waren so herrausragend, daß er seine Fahrergeneration überragte.
Mit McLaren gewann er drei WM-Titel, und damit gab er nicht nur uns allen im Team, sondern auch Millionen Menschen sehr viel Freude. Aber für mich war er mehr als das, mehr als ein Weltmeister, mehr als ein erfolgreicher Geschäftsmann. Für mich war er ein Freund.
Freundschaften entstehen auf verschiedene Art und Weise, und sie bedeuten verschiedenen Leuten verschiedene Dinge. Ayrton und ich haben viel gekämpft, noch mehr gestritten – und uns zeitweise sogar ignoriert. Das kam daher, daß wir beide den gleichen unbändigen Willen hatten, zu gewinnen – und das auf faire Art.
Aus unserer gemeinsamen Leidenschaft wuchs gegenseitiger Respekt. Trotzdem haben wir weiter versucht, uns auszustechen. Am Ende haben wir gemerkt, daß wir gleich stark und entschlossen sind. An diesem Punkt begann unsere Freundschaft, zuerst langsam, dann wurde sie immer stärker.
Diese Freundschaft, aus der Hitze des Kampfes um den Erfolg geboren, bedeutete mir sehr viel. Normalerweise bin ich kein sehr emotionaler Mensch – und Ayrton war es vielleicht auch nicht immer.
Aber in unserer gemeinsamen Grand-Prix-Zeit haben wir beide sehr tiefgehende Emotionen erlebt. Ich werde Ayrton sehr vermissen.

sind, streng geheim, die Gespräche mit Williams für 1994 schon sehr weit gediehen, weiß Senna bereits, daß Prost ihn dort nicht noch ein weiteres Jahr blockieren kann und wird, sondern nur die Alternative hat, ihn als Teamkollegen zu akzeptieren oder aufzuhören. Frank Williams, schon immer ein Senna-Fan, will jetzt endlich seinen Traumpiloten. Vielleicht schon deshalb, damit er es ihm und seinen Autos nicht weiter so schwer machen kann – als Konkurrent.
Doch davon redet Ayrton natürlich noch lange nicht, sagt nur schon in Silverstone, daß es momentan sein größtes Ziel sei, aus dieser frustrierenden, erfolglosen Situation herauszukommen. »Und ich werde herauskommen!« Keine Details, aber es klingt schon da recht überzeugend.
Momentan muß er noch warten, und das fällt ihm schwer. »Das ist nicht meine Stärke, das weiß ich. Genauso, wie ich weiß, daß es ein Faktum ist, daß ich Geduld haben muß. Ich muß es lernen, Geduld zu haben. Es ist hart. Es ist sehr schwierig, aber ich bin dabei zu lernen. Ich versuche, besser mit dieser Situation zu leben und dabei trotzdem einen besseren Fahrer und einen besseren Menschen aus mir zu machen. Ich versuche, es zu lernen – aber so etwas zu lernen ist sehr schwer.«
Was dabei auffällt: Ein paar Jahre zuvor hätte er mit einer solchen Situation nicht so ruhig umgehen können, wäre wahrscheinlich im Umgang mit anderen sehr schwierig geworden, wäre in seiner Frustration überall angeeckt. »Es ist nicht so, daß es mich jetzt nicht verrückt macht«, sagt er selbst dazu, »die Gefühle sind da. Der Unterschied ist, daß ich mich selbst jetzt besser kontrollieren kann und viel mehr absorbiere, als ich nach außen hin zeige. Früher habe ich einfach alles rausgelassen... Innerlich tut es mir immer noch sehr weh. Aber es ist schließlich mein Problem, nicht das irgendwelcher anderen Leute. Deshalb muß ich besser damit umgehen.« Josef Leberer, der mehr mit ihm zusammen ist als die meisten anderen, bewundert diese Haltung noch heute: »Auch im engsten Kreis hat er sich nicht gehen lassen, etwa seinen Ärger an uns ausgelassen. Das gab es nicht. Und das hat mich sehr beeindruckt.«
Vielleicht hilft das interne Hoffen auf Williams 1994. Denn zunächst einmal wird alles eher schlimmer. Irgendwann im Laufe dieses Sommers schwinden alle Chancen quasi auf Null. Die Siegesserie von Prost – von Montreal bis Hockenheim vier Triumphe in Serie – bringt eine Vorentscheidung in der WM. Und auch einzelne Rennsiege scheinen kaum noch möglich. Es regnet nicht mehr. Außerdem ist der Abstand zu Williams nicht kleiner geworden, und auch Benetton ist zeitweise deutlich an McLaren vorbeigezogen: Auch Michael Schumacher ist für Senna kaum noch zu schlagen.
Der weiß ganz tief im Innern, daß er zu dieser »Sommerkrise« von McLaren auch einen gewissen Beitrag geleistet hat: »Daß ich in der ganzen ersten Hälfte des Jahres, so lange ich keinen Vertrag hatte, nie getestet habe, war sicher nicht von Vorteil. Kann schon sein, daß wir da jetzt ein paar Konsequenzen spüren. Aber die Situation war eben nun mal so. Und Williams hätten wir sowieso nie wirklich gefährden können.«
Ab Mitte Juli steht er McLaren wieder zu Testfahrten zur Verfügung, ab September sind, mit der normalen Zeitverzögerung, auch wieder deutliche Fortschritte zu erkennen...
Aber mindestens bis dahin muß er mit der für ihn besonders frustrierenden Situation leben, ganz einfach nicht gewinnen zu können. Sich trotzdem immer weiter zu motivieren, ist schwierig. »Ich kann nur versuchen, trotz allem immer mein Bestes zu geben, zu wissen, daß ich für mich das Optimale geleistet habe – und daraus meine Befriedigung zu ziehen.«
Er weiß, daß er selbst eher besser ist als früher: »Ich habe das Gefühl, daß ich gut fahre, nicht viele Fehler mache. Ich hole aus dem Auto und dem

Motor, der uns zur Verfügung steht, das Bestmögliche heraus. Die Resultate beweisen das. Ich habe mehr Erfahrung, mehr Ausgeglichenheit als früher, weiß mehr darüber, was ich tue und wie man Dinge optimal tut. Ich schöpfe das vorhandene Potential voll aus. Dessen bin ich mir voll bewußt.« Trotzdem – es gibt Grenzen. In Spa verdrängt ihn Jean Alesi im Abschlußtraining ganz knapp vom vierten auf den fünften Platz. Senna hat noch Zeit, könnte mit einem »gemischten« Satz Reifen – den weniger beanspruchten aus den ersten zwei Versuchen – noch einmal angreifen, hätte eine kleine Chance, sich den Platz in der zweiten Reihe noch zurückzuerobern. Er versucht es gar nicht erst. »Nicht hier, nicht auf dieser Strecke, wo das Risiko so extrem groß ist, nicht für einen vierten Platz. Das ist es nicht wert.«

Ron Dennis, der inzwischen zumindest spürt, daß er Senna zum Saisonende verlieren wird, übt in einer Gespächsrunde mit englischen Journalisten ziemlich harte Kritik an seinem Fahrer, wirft ihm unter anderem mangelnde Motivation und Einsatz vor. Obwohl als »vertraulich« deklariert, landen die Bemerkungen natürlich sehr schnell bei Senna. Der fühlt sich ungerecht behandelt, ist stinksauer. In Portugal kracht es zwischen ihm und Dennis gewaltig, im McLaren-Motorhome werfen sich die beiden lautstark ihren Ärger an den Kopf. Aber dabei bleibt es, schmutzige Wäsche wird öffentlich nicht gewaschen. Obwohl Senna sicherlich im ersten Ärger danach ist, auch »auszupacken«. In all den Jahren bei McLaren dürfte sich gegenseitig einiges angesammelt haben. Aber am Ende ist es ihm wichtiger, sich in Frieden und mit Stil von dem Team zu trennen, mit dem er dreimal Weltmeister wurde.

Denn daß er gehen wird, erklärt er in Portugal offiziell. Als gleichzeitig Alain Prost seinen Rücktritt zum Saisonende bekanntgibt, weiß jeder: Das kann nur heißen, daß Senna 1994 im Williams sitzen wird, auch wenn die offizielle Bekanntgabe erst am 11. Oktober, zwei Wochen später, erfolgt. Er wirkt ungeheuer erleichtert und glücklich – schon jetzt. Er ist sich sicher: die ganz schwierigen Zeiten sind vorbei.

Zwei Fragen zum Abschluß. Die erste: Letztes Jahr in Australien hast du gesagt, vielleicht »ist es irgendwie vorausbestimmt und gewollt, daß ich im nächsten Jahr nicht fahre«. Hast du jetzt das Gefühl, daß einige Dinge, die 1993 passiert sind, vielleicht auch vorausbestimmt waren?

Antwort: »Daß ich am Ende doch die Gelegenheit bekam zu fahren? Und einige der speziellen Umstände, die mir bei manchen Rennen zugute kamen? Ja, das glaube ich wirklich.«

Und die zweite: Im Nachhinein – was hätte es dich gekostet, wenn du 1993 wirklich nicht gefahren wärst?

Antwort: »Ein paar wunderschöne Siege – aber vielleicht vor allem die Chance für die Zukunft, die, für 1994 den Williams zu bekommen.«

In Silverstone haben sich Senna und Ron Dennis endlich zu einem Vertrag zusammengerauft.

LONGINES
Shell

»Wir sind einfach völlig verschieden«

Die Dauerfehde mit Alain Prost

Sie stritten immer wieder: Das Duell zwischen Ayrton Senna und Alain Prost prägte die Formel 1 über Jahre wie zuvor noch kein anderer Kampf. Ein Duell nicht nur auf der Strecke, nicht nur der Kampf zweier Rennfahrer, sondern das Duell zweier starker, aber sehr unterschiedlicher Persönlichkeiten, ein Kampf um die Vorherrschaft, um Macht und vor allem um Prinzipien, ein Kampf, auch immer wieder von außen beeinflußt, geschürt, benutzt.

Dabei beginnt alles in schönster Harmonie: Als in Monza 1987 das neue McLaren-Honda-Team für die Saison 1988 mit Prost und Senna präsentiert wird, ist Senna noch der brave Musterschüler, der artig zum großen »Professor« Prost aufblickt. »Ich habe größten Respekt vor Prost, nicht nur als Pilot, wegen seines fahrerischen Könnens, sondern auch davor, wie er sich gibt, was er alles erreicht hat.«

Aber er kennt sein Ziel genau: Um Weltmeister zu werden, muß er sich gegen Prost durchsetzen, muß den zweimaligen Weltmeister, die anerkannte Nummer eins der Formel 1, ablösen. Das Selbstvertrauen dazu hat er, und schon bei den Wintertestfahrten zeigt er immer wieder, wer der schnellere Mann im Team ist.

1988 ist die Welt noch in Ordnung: Senna und Prost im gemeinsamen Gespräch mit McLaren-Konstrukteur Gordon Murray.

Aber die ersten Rennen laufen nicht optimal, nach dem Mexico-Grand Prix führt Prost mit 3:1 Siegen. Zu diesem Zeitpunkt ist schon klar: Die McLaren sind so überlegen, daß nur Prost oder Senna in diesem Jahr Weltmeister werden können. Die WM reduziert sich auf ein Duell der beiden Teamkollegen, auf ein Duell des jungen, zu fast allem entschlossenen Aufsteigers gegen den etablierten Star, der zum letzten Risiko schon nicht mehr bereit ist, auf Grund seiner Mentalität, seiner Einstellung zum Rennsport vielleicht nie unbedingt bereit war. Ein Duell zweier starker Persönlichkeiten, die, einerseits völlig verschieden, einander in manchen Punkten aber auch viel ähnlicher sind, als sie selbst zugegeben hätten.

Gewisse Gemeinsamkeiten sieht Senna aber schon: »Der Wille zum Siegen ist etwas, das uns näherbringt« um dann nachdenklich hinzuzufügen: »Aber vielleicht ist er auch das, was uns trennt.«

Sie treffen in einer Umgebung aufeinander, die »sowieso äußerst ungeeignet dazu ist, sich Freunde zu machen«, wie er im Sommer 1988 feststellt, in einem Sommer, in dem er den Rückstand auf Prost aufholt, in Silverstone, Hockenheim, Ungarn und Spa vier Rennen hintereinander gewinnt. In Spa scheint Prost resigniert zu haben, gratuliert ihm schon vorzeitig zum Titel, gibt sich nach außen großzügig und reif, schon ein bißchen über den Dingen stehend. Wie sehr er innerlich damit zu kämpfen hat, einsehen zu müssen, daß da jemand ist, gegen den er mit gleichem Material unter normalen Umständen nicht mehr viel ausrichten kann, der ihn vor allem im Training, wo es um reine Geschwindigkeit, um puren »Speed« geht, ein ums andere Mal sicher besiegt, das merken zunächst nur wenige.

Aber vier Wochen später, in Portugal, bricht der Konflikt zum ersten Mal öffentlich auf. Es hatte schon zwei Startabbrüche gegeben, erst weil Andrea de Cesaris seinen Motor abwürgt, dann wegen einer Kollision im hinteren Mittelfeld. Also noch ein Neustart. Senna und Prost natürlich, wie üblich, in der ersten Reihe, aber diesmal ausnahmsweise Prost, der »endlich wieder mal ein absolut perfektes Auto« hat, wie er selbst meint, in Pole-Position. Aber obwohl Prost in die Mitte zieht, Senna etwas nach außen drängt, geht der Brasilianer zunächst in Führung.

Aber Prost hat in Portugal das schnellere Auto, die bessere Abstimmung, dazu einen Spritcomputer, der im Gegensatz zu dem von Senna richtig funktioniert. In der zweiten Runde greift er an, kommt optimal aus der Zielkurve, will auf der Start-Ziel-Geraden innen vorbei. Senna zieht immer weiter nach rechts, zwischen ihm und Prost wird es genauso eng wie zwischen Prosts McLaren und der Boxenmauer, wo erschrockene Mechaniker in einer blitzschnellen Panikreaktion ihre Signaltafeln einziehen. Dann versetzt Prosts Auto auf einer Bodenwelle ganz leicht nach links, Senna ist gezwungen, die Tür doch ein bißchen

Wo der Streit begann: hartes Duell zwischen Prost und Senna in Estoril 1988.

Marlboro Marlboro
Marlboro
Marlboro

aufzumachen, tut es auch – und Prost ist vorbei, gewinnt ungefährdet. Senna fällt bis auf den sechsten Platz zurück.

Die folgenden Diskussionen sind endlos. Alain stellt seinen Teamkollegen im McLaren-Motorhome zur Rede und erzählt nachher öffentlich, was er ihm gesagt habe: »Ich habe nicht gewußt, daß du um jeden Preis Weltmeister werden willst. Wenn du bereit bist, für den Titel dein Leben aufs Spiel zu setzen, dann nimm ihn! Dann verzichte ich darauf, mir ist mein Leben mehr wert als ein WM-Titel.«

Viel Pathos – andere sehen es ein bißchen weniger dramatisch. Gerhard Berger schaut sich die Aktion noch einmal im Fernsehen an und kommt zu dem Schluß: »So schlimm war das nicht.« McLaren-Konstrukteur Gordon Murray meint: »Hätte sich das nicht zwischen zwei Teamkollegen abgespielt, hätte wahrscheinlich niemand viel daran auszusetzen gehabt.«

Auch FISA-Sicherheitschef Roland Bruynseraede findet zunächst keinen Grund zum Einschreiten, aber dann verlangt wohl doch »jemand von ganz oben« eine Aktion. Also zitiert man Senna vor die Sportkommissare und ermahnt ihn: »Beim nächsten derartigen Manöver gibt's die schwarze Flagge« – Disqualifikation.

Senna, sowieso grenzenlos enttäuscht, weil er nicht versteht, warum sein Auto, mit dem er die ganze Saison über zufrieden war, auf einmal nicht mehr richtig geht, wehrt sich, indem er den Spieß umdreht: »Prost hat mich doch zweimal nach dem Start ins Gras gedrängt, nach dem ersten Neustart auch schon mal.« Was stimmt. »Wegen ihm bin ich fast rausgeflogen, also ist es doch nur Revanche, daß ich dann das gleiche tue.«

Es ist eine Situation, wie sie ab und zu auftaucht. Senna fühlt sich im Recht und damit auch berechtigt, sich zu nehmen, wovon er glaubt, daß es ihm zusteht. Er selbst nennt das Prinzipien, Gerechtigkeit, Konsequenz... Andere nennen es auch schon mal Egoismus, »trotziges Kind«.

Kleiner Einschub: Fünf Jahre später in Donington 1993 fährt er im freien Training Prost zweimal demonstrativ quer vors Auto. Auf die private Frage, ob er solche Spielchen denn wirklich nötig habe, kommt ein ehrlich empörtes »Aber Prost hat zuvor mit mir dreimal genau das gleiche gemacht!« Den Hinweis, da habe er aber Pech gehabt, denn das habe man leider nicht im Fernsehen gesehen, also stünde er halt mal wieder als der alleinige böse Bube da, tut er mit einem relativ aggressiven »Ist mir doch egal« ab – weil es ihm wohl gerade nicht egal ist: Das öffentliche Bild ist wichtiger als zugegeben.

Was ihn schon damals in Portugal im stillen besonders ärgert, ist der Umstand, daß Prost allen erzählt hat, was »privat« im Motorhome geredet wurde. Das Vertrauen ist weg, der

Bruch ist da, auch wenn er erst einmal wieder überspielt wird, vor allem nach Suzuka, als Senna sich seinen WM-Titel holt, Prost sich wieder als guter Verlierer gibt – und eine Hoffnung in den Raum stellt: »Vielleicht wird es damit für mich jetzt sogar einfacher, 1989 wieder Weltmeister zu werden. Ich hoffe, daß Ayrton jetzt, wo er seinen Titel hat, die Dinge ein bißchen lockerer angeht, nicht mehr ganz so hundertprozent auf die Rennen und den Erfolg fixiert ist – und es mir damit leichter macht.«

Niki Lauda glaubt nicht so recht daran: »Senna wird 1989 eher noch besser werden, gerade wenn er lockerer wird, sich weniger den Kopf zerbricht.« Wirklich recht hat keiner – zumindest nicht fürs nächste Jahr.

In Imola 1989 bricht alles wieder auf, schlimmer denn je, wenn auch anfangs gar nicht wirklich registriert, weil alle noch unter dem Schock des furchterregenden Feuer-Unfalls von Gerhard Berger in der Tamburello-Kurve stehen, der zum Glück verhältnismäßig glimpflich ausgeht. Das einzige, was zunächst auffällt: Prost, als Zweiter hinter Senna im Ziel, fehlt bei der obligatorischen Siegerpressekonferenz der drei ersten, »weil er unglaublich sauer ist«, wie es hinter vorgehaltener Hand heißt. Erst langsam sickern Einzelheiten durch.

Zwischen den beiden McLaren-Piloten gab es eine Absprache. Da man der Konkurrenz immer noch überlegen ist, die Siege unter sich ausmachen kann, will man kein unnötiges Risiko eingehen, vor allem nicht in der Startphase. Wer den Start gewinnt, soll erst einmal vorne bleiben, der andere nicht attackieren. Aber wie lange und wo? Bis zur ersten Kurve? In der ersten Kurve? Bis nach der ersten Kurve? Das ist der Knackpunkt in einem Streit, der mehr wird als eine Auseinandersetzung über eine normale Rennsituation.

Beim zweiten Start – nach Bergers Unfall – ist Prost besser weggekommen und hat zunächst die Führung übernommen. Bei der Anfahrt auf die Tosa-Kurve wähnt er sich in Sicherheit. Senna wird ihn nicht angreifen, es gibt ja die Absprache, die Prost so interpretiert: keine Attacken, bis man durch die erste Kurve durch ist, was durchaus logisch klingt.

Senna freilich, so sagt er später, hat sie anders verstanden: kein Angriff in der ersten Kurve, beim Anbremsen. Und nach seiner Version überholte er Prost auch nicht in der Tosa, sondern eigentlich schon davor: »Er ist auf der Geraden ein bißchen langsamer geworden, vielleicht hat er sich verschaltet, was weiß ich. Jedenfalls war ich aus dem Windschatten heraus schon auf der Geraden deutlich schneller. Soll ich da vielleicht bremsen, um hinter ihm zu bleiben? Ich war schon vor dem Bremspunkt für Tosa neben ihm und habe dann auch noch etwas später gebremst. Für mich hat sich der eigentliche Überholvorgang nicht in der Kurve abge-

spielt, sondern davor. Und damit hatte er mit unserer Absprache überhaupt nichts zu tun.«
Prost ärgert sich jedenfalls so, daß er sich auf der Verfolgungsjagd auf Senna auch noch dreht und dann überhaupt keine Chance mehr hat. Er fühlt sich hintergangen, ist so frustriert, daß er McLaren-Teamchef Ron Dennis sogar mit Rücktritt droht: »So habe ich keine Lust mehr.«
Dennis fürchtet um sein Traumteam, redet am Telefon lange mit Senna, der lange nicht verstehen kann, warum Prost aus der Angelegenheit so eine Riesenaffäre macht, bittet ihn um eine Entschuldigung, »damit die Sache aus der Welt geschafft ist, damit wir weitermachen können.«
Ayrton will sich darauf zunächst nicht einlassen: »Meiner Meinung nach gab es nichts, wofür ich mich hätte entschuldigen müssen. Aber Ron hat eine Menge Druck gemacht, hat gemeint, im Interesse des Teams, und all diese Dinge...«
Am Ende läßt er sich breitschlagen, rückt von seinen Prinzipien ab. Beim Testen auf der kleinen Strecke von Pembrey in Wales kommt es im Beisein von Dennis zu einer Aussprache, bei der er sich bei Prost entschuldigt. »Gegen meine Überzeugung, ich bin von dem abgegangen, was ich wirklich denke. Es ist mir sehr schwer gefallen. Aber ich habe es für das Team getan, und auch deshalb, weil ich merkte, wie durcheinander Alain war.« Senna kämpft – wieder einmal – mit seinen Emotionen, wischt sich eine Träne weg: »Es hat mir wehgetan, zu Unrecht eine Schuld auf mich

zu nehmen, aber es hat mir auch wehgetan, Alain in dieser Verfassung zu sehen.« Die Unterredung hat keine Zeugen, und Ron Dennis sagt zum Schluß: »Damit ist die Sache erledigt, und was hier gesprochen wurde, bleibt unter uns.«
Als Senna zwei Tage später nach Monaco kommt, knallen ihm die L'Équipe-Schlagzeilen entgegen: »Prost: ›Senna hat sich unter Tränen bei mir entschuldigt‹ und ›Ich will nichts mehr mit ihm zu tun haben, er ist nicht ehrlich‹«. Alain hat bei seinen französischen Hofpoeten aus dem Nähkästchen geplaudert – und gleichzeitig wieder mal ein bißchen Politik gemacht.
Senna reagiert nicht offiziell, sagt aber später einmal: »Seit diesem Tag wollte ich nichts mehr mit ihm zu tun haben.« Als Prost zwei Wochen später in Mexiko noch einmal ein Gespräch sucht, läßt Senna ihn abblitzen: »Kein Interesse.«
Die Atmosphäre ist vergiftet, es gibt vorerst kein Zurück mehr. Josef Leberer erinnert sich später, daß ihm öfter danach war, »die beiden zu nehmen, an einen Tisch zu bringen und zu fragen, ob sie nicht einmal wie erwachsenen Menschen über die Probleme reden könnten.« Aber dann läßt er es doch: »Ich konnte mich doch nicht so einmischen…« Es bleibt bei kleinen, verkrampften Scherzen. Als die zwei doch einmal zusammen an einem Tisch essen, fragt Josef: »Kann man

Imola 89: Senna vor Prost – und die große Frage: Wo hat er überholt? Vor oder in der ersten Kurve?

die Tür hinter euch zumachen, ohne daß was passiert?« »Laß sie lieber offen«, kommt die prompte Antwort von Prost.

Der erklärt denn auch beim französischen Grand Prix in Le Castellet, daß er McLaren am Jahresende verlassen werde. Noch vor Monza, im September, unterschreibt er bei Ferrari.

Trauriger Sieg für Ayrton in Hockenheim 89: Sein Freund und Manager Armando Botelho stirbt an diesem Wochenende.

In der WM ist Senna zwar wie im Vorjahr der deutlich Schnellere, aber ein paar unglückliche Defekte werfen ihn mehrfach, in Führung liegend, aus dem Rennen, so daß Prost sich bis Hockenheim einen deutlichen Punkte-Vorsprung herausfahren kann.

Aber Ayrton gibt noch nicht auf, auch wenn er zusätzlich unter einer großen persönlichen Belastung steht, von der kaum jemand etwas ahnt. Seit einiger Zeit weiß er, daß sein enger väterlicher Freund und Manager Armando Botelho Leberkrebs hat – unheilbar. Armando stirbt am Hockenheim-Wochenende, aber niemand wagt es, Ayrton die Wahrheit zu sagen. Erst am Sonntag abend, nach seinem viertem Saisonsieg, nimmt ihn McLaren-Mitbesitzer Mansour Ojjeh im TAG-Motorhome zur Seite. Als Senna vom Fahrerlager zu seinem Auto geht, um ins Hotel zu fahren, versteckt er sich hinter einer dunklen Sonnenbrille. Niemand soll seine Tränen sehen.

Er zieht sich noch mehr in sich selbst zurück als sonst, spricht wenig, isoliert sich – nicht nur von Prost. Aber er wird Zweiter in Ungarn, gewinnt in

Spa – der Rückstand auf Prost wird wieder kleiner. Noch ist die WM nicht verloren.

Monza kann eine Wende bringen. Aber in Monza gewinnt Prost, weil Senna ein paar Runden vor Schluß, deutlich in Führung liegend, mit Motorschaden ausfällt. Auf dem Siegerpodest wirft der Franzose seinen Pokal in die Zuschauer – obwohl oder weil er genau weiß, daß er McLaren-Chef Ron Dennis damit trifft, der normalerweise alle Trophäen sammelt. Er ist schon das ganze Wochenende über verärgert, und nach seinem Sieg greift er McLaren und vor allem Honda massiv an. Er werde ständig benachteiligt, bekäme schwächere Motoren, man wolle nicht, daß er, der das Team verlasse, Weltmeister würde.

Honda kontert, legt Diagramme vor, die zeigen, wo Prost, vor allem im Training, seine Zeit auf Senna verliert: In schnellen Kurven – den Mutpassagen. McLaren und Honda sind ziemlich aufgebracht. In Portugal zwei Wochen später gibt es ein gemeinsames Presse-Statement, in dem versucht wird, in wohlgesetzten Worten den Unfrieden zuzukleistern: Man habe sich ausgesprochen, habe Prost zu dessen Zufriedenheit versichert, daß er stets gleiche Behandlung bekäme. Er bedauere den Ärger, den seine Erklärungen von Monza ausgelöst hätten, und in Zukunft würden solche Dinge zunächst intern gelöst. Ein ziemlicher Kniefall, den man Prost da abringt, die Politik hat den Politiker einmal selbst eingeholt.

Als der Formel-1-Zirkus Ende Oktober nach Japan kommt, hat Senna noch WM-Chancen. Aber dazu müßte er in Suzuka und Adelaide gewinnen. Er weiß, wie schwer es werden wird. Auf dem Flug nach Japan liest er lange in der Bibel – sein ganz persönlicher Weg, sich Kraft zu holen. In Suzuka trifft er auf einen Alain Prost, der dazu entschlossen ist, hier alles klar zu machen, alles in dieses eine Rennen zu legen.

Nach einer absoluten Traumrunde im Training steht Senna – wie bei der WM-Entscheidung 1988 – auf der Pole-Position. Diesmal verpatzt er zwar den Start nicht völlig, aber trotzdem kommt Prost besser weg, geht in Führung. Nebenbei: Im Durchschnitt kommt die ganze linke Reihe besser weg, weil dort die Ideallinie verläuft und die Spur sauberer ist. Allmählich dämmert einigen: Der erste Startplatz ist in Suzuka auf der falschen Seite. Aber das hilft Senna wenig. Er muß Prost nachjagen, und er weiß, er muß gewinnen. Prost fährt sein vielleicht bestes Rennen seit langem: aggressiv vom Start weg, voller Entschlossenheit, wirklich am Limit.

Senna tut sich schwer, Druck zu machen. Erst nach gut 40 Runden klebt er seinem Kontrahenten wirklich unterm Heckflügel. Aber er hat nicht allzuviele Chancen zu überholen. In Suzuka gibt es nicht viele Stellen, wo man einen praktisch gleichschnellen Gegner überholen kann. Und Senna

Der legendäre Crash von Suzuka 89, der die WM für Prost entscheidet – weil Senna disqualifiziert wird.

weiß, daß ihm allmählich die Zeit wegläuft. In der 47. Runde probiert er es, in der langsamen Schikane vor Start und Ziel. »Es war die einzige Chance, die ich hatte.«

Prost hat sich, so sagt er später selbst, vor dem Start geschworen: »Ich habe ihm öfters die Tür aufgemacht, wenn es hart auf hart ging, um einen Unfall zu vermeiden. Heute nicht, heute halte ich dagegen.« Klar, Prost weiß auch: Wenn beide abfliegen, ist er Weltmeister. Auch klar: Die Schikane ist kein ungeeigneter Platz für so etwas, sehr langsam, ungefährlich. Als Senna sich ganz innen mit Gewalt vorbeiquetschen will, lenkt Prost kühl dagegen, die beiden Autos verhaken sich, rutschen von der Strecke. Erst eine Kameraeinstellung aus der Hubschrauber-Perspektive zeigt, wie früh Prost wirklich in die Schikane einlenkt. Verlängert man die Linie weiter, endet sie eher in der Wiese vor als auf der Strecke...

Als die beiden Autos im Abseits stehen, steigt er sofort aus. Nicht besonders verärgert: Er ist überzeugt, er ist Weltmeister. Aber Senna gibt sich noch nicht geschlagen: Er winkt den Streckenposten, ihn doch wieder anzuschieben. Wenn ein Auto »an einer gefährlichen Stelle« steht, ist das nach damaligem Reglement erlaubt. Aber wer bitte definiert, was eine gefährliche Stelle ist? Die Posten schieben – aber sie schieben ihn in Richtung »Notausgang«, so daß er nicht dort wieder auf die Strecke zurückkommt, wo er sie verlassen hat, sondern ein bißchen abkürzt. Er kommt an die Box, läßt seinen beschädigten Frontflügel wechseln, und gewinnt noch, nachdem er kurz vor Schluß noch Alessadro Nannini überholt – in eben jener letzten Schikane. Zumindest glaubt er, gewonnen zu haben.

Der Schock kommt nach einer knappen halben Stunde: Disqualifikation wegen Auslassens der Schikane. »Dabei habe ich doch wirklich keinen Vorteil davon gehabt«, beteuert er später immer wieder. Die große Frage: wie weit hat FISA-Präsident Jean-Marie Balestre die zumindest strittige Disqualifikationsentscheidung beeinflußt? Die Sportkommissare schwören zwar Stein und Bein, Balestre sei nie bei ihnen gewesen, aber es gibt eine Menge Leute, die ihn dort gehört und gesehen haben wollen.

Ayrton sitzt noch weinend im Turm der Rennleitung, als Prost vorsichtig zur Tür hereinkommt. Es sieht so aus, als wolle er sich entschuldigen. Aber Senna will ihn nicht sehen: »Bitte geh!« Er sieht sich als Opfer einer französischen Intrige, die ihm seinen Sieg und den noch möglichen WM-Titel gestohlen hat. Von Prost, der ihn von der Strecke beförderte: »Jemand, der an dieser Stelle nicht hätte sein sollen, hat mir die Tür zugeschmissen. Das müßt ihr nicht meinen Worten glauben, schaut euch das Video an.« Und von Balestre, der seine Disqualifikation erzwungen habe, um seinem französischen Landsmann Prost den WM-Titel zu sichern.

McLaren nimmt die Entscheidung nicht hin. Man geht in die Berufung, natürlich, um den Suzuka-Sieg zurückzubekommen. Um den WM-Titel geht es dabei offiziell nicht. »Ob Prost oder Senna, ist uns vollkommen egal.« Aber jedes Team hat lieber den Fahrer als Weltmeister, der bleibt...

Doch Ron Dennis' »Kampf um die Gerechtigkeit« wird erst einmal zum Schuß, der nach hinten losgeht, vor allem für Senna. Aber mit den seltsamen Wegen der FISA-Justiz hat Alain Prost nun wirklich nichts mehr zu tun.

Der sagt am Sonntag abend in Suzuka nur noch: »Das Problem mit Senna ist, daß er es einfach nicht akzeptieren kann, nicht zu gewinnen. Er kann nicht damit leben, daß sich jemand seinen Überholmanövern widersetzt.«

Eine Rechtfertigung seiner eigenen Aktion, klar. Aber er ist nicht der erste, der diesen Eindruck hat. Unter anderem hat Martin Brundle einmal ähnliches gesagt – noch zu englischen Formel-3-Zeiten. Und wenn der Satz vielleicht auf die Suzuka-Aktion sogar weniger paßt: Ein Körnchen Wahrheit mag dahinterstecken. Weil er weiß, daß er eigentlich der Beste ist, ist es sehr schwer für Senna, zu akzeptieren, daß es Situationen gibt, in denen er das nicht zeigen kann.

Aber irgendwann sagt Prost noch etwas: »Senna riskiert so viel, weil er das Problem hat, daß er sich durch seinen Glauben für unverletzbar, für unsterblich hält.«

Der Satz, ob gezielt abgeschossen oder nicht, trifft und wirkt lange nach, tiefer und länger als jede sportliche Auseinandersetzung. Aber er ist nicht der einzige Grund, warum Senna »zumacht«, als Prost im Frühjahr 1990, nach einem langen Winter voller Politik, der ein eigenes Thema ist, doch wieder ein scheues Friedensangebot macht. Er bietet in Phoenix, beim Saisonauftakt, einen Handschlag, aber Senna läßt ihn stehen: »Ich hatte nicht das Gefühl, daß das ehrlich gemeint war.«

Das ist es, was ihm so wichtig ist, was er als Grundprinzip seines Lebens sieht: Ehrlichkeit, Geradlinigkeit bis zur letzten Konsequenz durchgefochten. Selbst gute Freunde sagen schon mal: »Er denkt in sehr klaren Schwarz-Weiß-Schemata.« Politik in jeder Form hasse er. Deswegen könne er mit Prost, der auf diesem Gebiet einige Tricks beherrscht, der auch recht gut andere zum eigenen Vorteil gegeneinander auszuspielen weiß, nicht klarkommen.

Ein halbes Jahr lang ignoriert man sich, so gut es geht. Bei vielen Sieger-

Nachdenklich im Sommer 1990: So richtig macht die Formel 1 Senna immer noch nicht wieder Spaß. ▷

Marlboro
Shell
BOSS
MEN'S FASHION
Marlboro
McLAREN INTERNATION
ONDA

Marlboro
COURTAULDS
Shell

pressekonferenzen sitzt Gerhard Berger quasi als »Puffer« zwischen den beiden. In Monza geht er früher, weil er sein Flugzeug erwischen will. Senna und Prost, die auch in diesem Jahr die WM unter sich ausmachen, bleiben allein vor der versammelten Pressemeute sitzen. Und dann fragt ein italienischer Journalist beide, wie lange sie eigentlich noch so weitermachen wollten, ob sie nicht wenigstens wieder wie normale Menschen miteinander umgehen könnten.

Einen Moment herrscht Stille, dann murmelt Prost etwas von: »Ich habe es ja schon in Phoenix probiert, aber wenn Senna dazu bereit ist...«

Der ist einen Moment perplex, kommt dann aber in einer längeren Erklärung zu dem Schluß, daß man zwar nicht viel gemeinsam habe, »aber doch immerhin die Passion für den Sport«, und wenn Prost es wirklich ehrlich meine, »wenn er wirklich ehrlich dazu bereit ist, mir die Hand zu geben, dann bin auch ich dazu bereit«.

Es ist ein Drahtseilakt der kleinen Schritte. Prost will seine Position erst noch einmal klarmachen: »Es hat Dinge gegeben, die sicher nicht gut waren, über die auch jetzt noch unterschiedliche Meinungen bestehen, wie zum Beispiel Imola letztes Jahr.«

Bei diesem Satz zuckt Senna noch einmal zusammen, versucht aufsteigenden Ärger zu schlucken, aber Prost lenkt ein: »Ich finde, wir sollten das letzte Jahr vergessen. 1990 hat sich meiner Meinung nach sowieso rein sportlich phantastisch entwikkelt, viel besser als das letzte. Ich hatte keine Bedenken, hier neben Ayrton in der ersten Reihe zu stehen. Ich war mir sicher, daß da nichts passiert. Und auch menschlich habe ich in dieser Zeit einiges dazugelernt. Für den Sport, der unter unserem Streit doch sehr gelitten hat, wäre es sicher sehr schön, wenn wir die letzten vier Rennen dieses Jahres Hand in Hand gehen würden.«

Damit streckt er Senna die Hand entgegen, und alle halten den Atem an. Aber nach ganz kurzem Zögern, es ist wie ein letztes Nachdenken – »will ich das wirklich?« – läßt sich Ayrton auf den Handschlag ein, und anschließend gibt es sogar eine angedeutete Umarmung zwischen den beiden.

Einer, der sich über die Versöhnung besonders freut, ist Josef Leberer: »Ich mag ja wirklich beide.« Aber weil sie beide so starke Persönlichkeiten seien, sei es so schwer gewesen, wieder aufeinander zuzugehen, besonders für Senna. »Sein Mißtrauen gegenüber Prost, das saß so tief, er konnte es einfach nicht glauben, daß Prost ihm gegenüber irgend etwas ehrlich meinen könnte. Deshalb war es jetzt ein Riesenschritt für Ayrton, Alain die Hand zu geben. So ein Händedruck bedeutet für ihn nämlich sehr viel, das macht er nicht nur einfach so.«

Josef glaubt an den Frieden, auch wenn der Anstoß dazu von außen kam. Aber das Eis ist noch zu dünn, um zu tragen, wie sich sechs Wochen später in Suzuka zeigen wird.

Suzuka, immer wieder Suzuka. Diesmal ist die WM-Situation genau umgekehrt zum Vorjahr. Diesmal braucht Prost unbedingt einen Sieg, um seine Titelchancen noch bis zum letzten Rennen in Adelaide offenzuhalten. Gewinnt er nicht, ist Senna automatisch zum zweitenmal Weltmeister.

Die Dramaturgie des Suzuka-Wochenendes beginnt eigentlich schon am Mittwoch: Da geht Senna, nach den Erfahrungen der letzten beiden Jahre, zu den Sportkommissaren und bittet darum, den ersten Startplatz doch von innen nach außen zu verlegen, damit der Pole-Position-Mann auch wirklich einen Vorteil hätte. Prost stimmt ihm zu, und von Seiten der Offiziellen heißt es: »Kein Problem, wird gemacht.«

Am Samstag erkämpft sich Senna mit letztem Einsatz diese Pole-Position. Prosts Ferrari scheint etwas besser zu gehen als der McLaren, aber Senna quetscht die Zeit wieder einmal mehr aus sich als aus seinem Auto heraus. Er freut sich sehr über diese Pole, sie ist wichtig. Er weiß: Er muß am Sonntag gegen Prost den Start gewinnen. Denn wenn der Ferrari erst einmal vorne liegt, wird er nur ganz schwer wieder zu überholen sein.

Als er am Samstag nachmittag erfährt, daß die Startposition nun doch nicht ausgetauscht wird, daß, wie es heißt, FISA-Präsident Balestre in einem Telefongespräch von Paris aus dagegen votiert hat, daß Prost, obwohl nur Zweiter, doch wieder in der besseren Position stehen wird, verändert sich vieles in ihm. Aus der normalen Anspannung einer WM-Titelentscheidung wird Ärger, wird Wut, die sich in ihm aufbaut. Da kämpft er mit letztem Risiko um diese Trainingsbestzeit, nur um dann quasi dafür bestraft zu werden. Und natürlich sieht er wieder das Zusammenspiel der französischen Achse Balestre-Prost. Er fühlt sich betrogen. Seine Gesichtszüge werden sichtbar härter, ein bißchen Trotz kommt ins Spiel. Es fällt der Satz, an den sich später alle erinnern: »Vielleicht bin ich morgen schon Weltmeister, bevor das Rennen zu Ende ist.«

Die Idee, daß er den Titel sicher hätte, wenn er Prost »irgendwie« ausschaltete, mehr oder weniger in Umkehr dessen, was 1989 geschah, ist natürlich allen schon gekommen. Man ergeht sich in mehr oder weniger amüsierten Spekulationen, wo

◁ **»Belohnung« für den 100. Grand Prix: In Mexico 90 gibt es eine Torte von McLaren.**

und wann es denn wohl krachen werde. Die Spannung steigt, auch in den Fahrern. Als im Briefing am Sonntag vormittag verkündet wird, in diesem Jahr sei es erlaubt, in der Schikane den »Notausgang« zu benutzen, wenn man dort ausgerutscht sei, steht Senna wütend auf und geht: Genau dafür ist er im vergangenen Jahr disqualifiziert worden.

Als er eine gute halbe Stunde vor dem Start ins Auto steigt, ist sein Gesicht eine Maske aus Stein – mit Augen, aus denen nur Härte und Entschlossenheit blitzen. Was er wirklich denkt, gibt er, ehrlich und ungeschminkt, erst ein Jahr später zu, wieder in Suzuka, nach dem Gewinn seines dritten WM-Titels. »Ich habe mir gesagt, ich versuche hier, ehrlich meine Arbeit zu machen, und werde nur gelinkt. Okay, wenn Prost wieder den Start gewinnt, dann halte ich voll drauf.« Im englischen Originalton hieß das: »I will go for it.« Und dann sollte er besser nicht versuchen, »reinzuziehen, als erster in die erste Kurve zu kommen. Denn das wird er nicht schaffen. Es war das Ergebnis einer Fehlentscheidung, beeinflußt von Balestre. Ich habe dazu beigetragen, aber ich bin nicht dafür verantwortlich.«

Das ist zwar nicht das Eingeständnis eines gezielten Abschusses, aber die Erklärung für etwas, das im Juristen-

deutsch wohl heißen würde: »Den Unfall billigend in Kauf genommen.« Und Prost, der natürlich prompt den besseren Start erwischt, macht Senna die Attacke leicht. Anstatt sofort nach innen zu gehen, die Linie dicht zu machen, zieht er für einen Moment nach links, macht für Bruchteile von Sekunden ein Loch auf, das Senna – vor allem unter den gegebenen Umständen – geradezu als Einladung zum »Draufhalten« auffassen muß. Er kommt zwar nie auf wirklich gleiche Höhe mit dem Ferrari, aber als Prost dann eingangs der Kurve wirklich nach innen zieht, steckt Senna auch nicht zurück: Es kracht, beide stecken im Sand – und er ist Weltmeister.

Als er zu Fuß an die Box zurückkommt, ist er im ersten Moment völlig gelöst, entspannt, umarmt Ron Dennis, seine Mechaniker. Zunächst ist da nur die pure Freude über den Titel, darüber, daß der Kampf vorbei ist. Erst im Laufe des Nachmittags, als er sich immer wieder den gleichen Fragen stellen muß, als er spürt, daß er wieder massiv ins Kreuzfeuer der Kritik gerät, verändert sich die Stim-

Suzuka zum zweiten: 1990 macht der Unfall Senna zum Weltmeister. Ganz auf gleicher Höhe mit Prost war er vor der ersten Kurve nie – Folge der »falschen« Startposition. . .

mung. Er gerät in eine Verteidigungsposition, redet von »normalem Rennunfall« – und davon, daß die nicht getauschte Pole-Position sicher eine Rolle gespielt habe und daß ein WM-Titel immer das Ergebnis einer ganzen Saison, nicht eines einzigen Rennens sei. Das wiederholt er immer wieder, auch noch abends um fünf, als er immer noch im Fahrerlager sitzt, eine ganze Reportermeute um sich, während die Sonne langsam untergeht. »Was Prost sagt, ist mir völlig egal«, beharrt er auf seinem Standpunkt, als er mit Prosts Vorwürfen konfrontiert wird, und Trotz macht die Stimme härter. »Er ist doch das Risiko eingegangen. Er mußte wissen, daß ich innen war. Er hat den Fehler gemacht, indem er mir die Tür zugemacht hat. Man kann mich doch nicht für seine Aktionen verantwortlich machen. Ich weiß, was ich tue, was ich tun kann – und ich kann damit gut leben.«

Wie gesagt, auf die volle Wahrheit müssen alle noch ein Jahr warten.

Prost und Ferrari sprechen natürlich von Absicht, von einem gezielten Rammstoß: »Was in Monza passiert ist, war nur scheinheilig, jetzt hat er seinen wahren Charakter gezeigt«, wettert der Franzose. »Was für ein Skandal, mehr als unsportlich, was für ein schlechtes Vorbild für die jungen Piloten.«

Auch er ist natürlich emotionsgeladen. Die Enttäuschung über die verlorene Titelchance spielt mit, und vielleicht stellt er sich insgeheim sogar die Frage, die sich viele stellen: Warum hat er, der clevere, abgeklärte Taktiker, in dieser ersten Kurve nicht nachgegeben? Er wußte doch, daß er bei einem Unfall nur verlieren konnte, daß er aber auch das wahrscheinlich bessere Auto hatte, also alle Zeit der Welt, erst einmal abzuwarten, auf seine Chance zu lauern. Und er hätte Senna eigentlich besser kennen müssen als jeder andere, dessen Kompromißlosigkeit, dessen Entschlossenheit, in jede noch so kleine Lücke zu stechen, gerade in dieser Situation. Oder warum hat er nicht von Anfang an dieses »Loch« zugemacht?

John Watson, früherer Grand-Prix-Pilot und jetzt Fernsehkommentator bei Eurosport, glaubt eine Erklärung zu haben. Prost hatte ihm erzählt, seine ganze Taktik sei darauf ausgelegt gewesen, wenn er den Start gewinne, die erste Kurve voll im fünften Gang zu fahren. »Ich wußte, daß ich das mit dem Ferrari kann, Senna mit dem McLaren nicht.« Watsons Vermutung: »Prost war so darauf fixiert, diesen Plan durchzuziehen, daß er nicht mehr in der Lage war, umzudisponieren, anders zu reagieren, als Senna plötzlich innen fast neben ihm war.«

Aber das ist schon Teil eines Expertenstreits, der die Formel 1 noch stärker als zuvor in ein Senna- und ein Prost-Camp spaltet. Derek Warwick meint auch, daß Prost mit der Senna-Aktion hätte rechnen und nachgeben sollen, James Hunt attackiert den Franzosen, er hätte die Situation völlig falsch eingeschätzt und jammere jetzt herum wie ein altes Waschweib. Niki Lauda und Jackie Stewart geben Senna die volle Verantwortung.

In Adelaide, beim letzten, an sich bedeutungslos gewordenen Saisonrennen, kochen die Emotionen noch einmal richtig hoch. Senna erklärt: »Ich habe meinen Respekt vor Prost längst verloren.«

Stewart und Senna geraten sich in einem Fernsehinterview richtig in die Haare, als Stewart ihm vorwirft, er sei in mehr Zwischenfälle auf der Strecke verwickelt als alle Weltmeister vor ihm. Auch Prost fühlt sich plötzlich von allen Seiten zu Unrecht kritisiert und mißverstanden. Er beschließt, mit niemandem mehr zu reden. Das Wort vom »Kindergarten« macht die Runde. Es ist nur gut, daß nach Adelaide fast vier Monate Winterpause kommen, um die Nerven ein bißchen zu beruhigen.

Aber natürlich ist das Thema nicht vom Tisch, als man sich im März '91 in Phoenix wiedertrifft. »Wir sind eben völlig verschiedenen, ich gehe meinen Weg, er den seinen«, sagt Ayrton, als eine der ersten Fragen des neuen Jahres den alten Widersacher betrifft. Und er fügt hinzu: »Ich bin auf meinem Weg glücklich. Ob er es auf seinem auch ist, weiß ich nicht.« Er versucht sogar, dem Thema eine witzige Seite abzugewinnen: »Ich mich mit ihm anlegen? Das geht doch gar nicht, dazu ist er doch viel zu klein« – eine Anspielung auf Prosts geringe Körpergröße von knapp 1,60 Meter.

Für eine Weile bleibt es dabei, auch dabei, sich eben geflissentlich zu ignorieren. Es gibt keine offene Konfrontation mehr, auch weil man sich auf der Strecke lange nicht zu nahe kommt. Das Duell des Jahres heißt Senna gegen Mansell, nicht Senna gegen Prost, der mit dem Ferrari nie echte Siegchancen hat. Unterdessen läßt Ayrton immer wieder einmal durchblicken, daß für ihn das größte Problem im Verhältnis zu seinem Kontrahenten gar nicht die Dinge seien, die sich auf der Strecke abgespielt hätten, die Unfälle. Was er nicht vergessen könne, worüber er glaube, nie hinwegzukommen, seien persönliche Dinge. Vor allem die Bemerkungen über seinen Glauben haben ihn tief getroffen, da fühlt er sich lächerlich gemacht, und gerade auf diesem Gebiet tut das sehr weh – vor allem weil er sich sicher ist, daß Prost diese »Waffe« sehr bewußt und gezielt eingesetzt hat. »Aber ich will eigentlich gar nicht mehr viel darüber reden. Nur die Zeit kann all diese Dinge richtigstellen, wird schließlich die Wahrheit ans Licht bringen.«

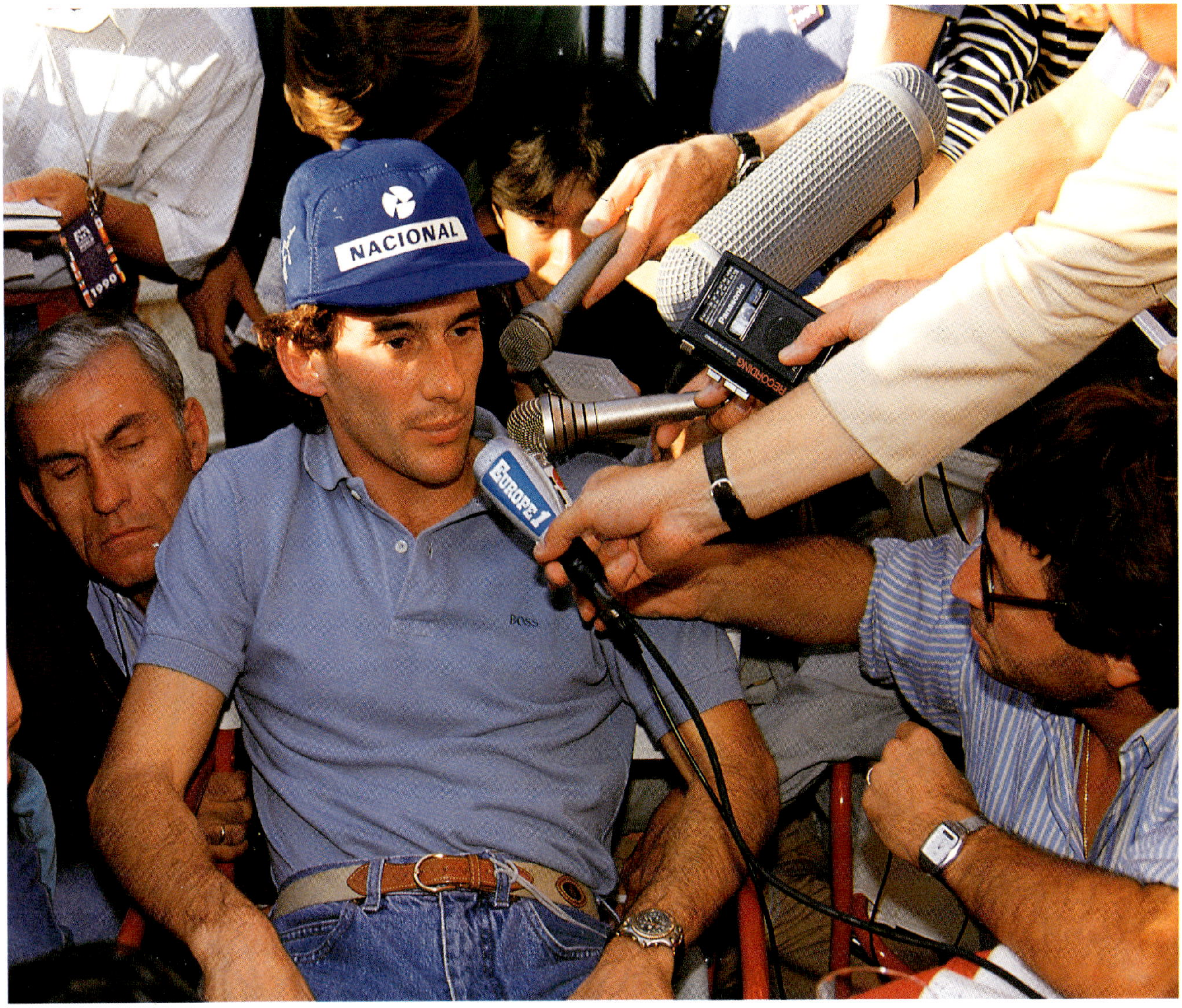

Ein bißchen Trotz kommt auch ins Spiel – Suzuka 90 am Sonntag abend...

Der Eindruck, der hängenbleibt, der sich auch in den kommenden Jahren immer wieder aufdrängt: Prost kann mit dem Konflikt besser umgehen, die Auseinandersetzungen auch eher für seine Zwecke benutzen, weil er darin ein Mittel zur Politik sieht und sich emotional nicht so tief treffen läßt.

Die Fehde geht weiter: In Hockenheim fühlt sich Prost von Senna rundenlang unfair blockiert. Der Franzose ist an einigen Stellen schneller, kann aber nicht überholen. Sennas Autos können in der Tat schon manchmal sehr breit werden – vor allem wenn der Gegner Prost heißt. Der probiert er es dann in einer für ihn untypischen Gewaltaktion, fliegt dabei – ohne Feindberührung – von der Strecke und schimpft nachher fürchterlich: »Beim nächstenmal schieße ich ihn ab, ich werde alles tun, um Nigel Mansell zu helfen, in diesem Jahr Weltmeister zu werden.«

Senna, wütend darüber, daß er in Hockenheim jetzt schon im zweiten Rennen hintereinander in der letzten Runde ohne Sprit stehengeblieben ist, hat diesmal für Prost nur ein müdes Lächeln übrig: »Das kennen wir doch schon, er beschwert sich doch immer nur über die anderen, sucht die Fehler nie bei sich selbst. Was er da probiert hat, konnte nie gehen, im Gegenteil, es war nicht ungefährlich, hätte auch mich noch mitreißen können... Zugegeben, er war an ein paar Ecken schneller, aber eben nicht dort, wo man überholen kann.«

Prosts Wutausbruch vor den Kameras des französischen Fernsehens hat Folgen. Die FISA schreitet ein. In Ungarn beim nächsten Rennen holt sie die beiden Streithähne zusammen und präsentiert die Urteile: Prost kassiert wegen seiner Drohungen eine Sperre für ein Rennen auf Bewährung, Senna wegen seiner Fahrweise eine Verwarnung. Aber was fast wichtiger ist: Nach der »Urteilsverkündung« bleiben die beiden noch eine gute Stunde lang zusammen im FIA-Bus sitzen, versuchen in einem

Panasonic
Panasonic
Marlboro
Shell
Shell
COURTAULDS
KENWOOD
Marlboro
McLAREN INTERNATIONAL

1993 in Südafrika: Immerhin ein kurzer Handschlag zwischen den Erzrivalen.

Vier-Augen-Gespräch wenigstens ein paar Grundsatzprobleme auszuräumen.

Vor dem Bus hat sich inzwischen eine riesige Journalisten- und Fotografenmeute angesammelt. Alles wittert die Sensation. Als die beiden endlich herauskommen, bricht das große Chaos aus: Im Gedränge gehen Leute beinahe zu Boden, landen Kameras an Köpfen, fliegt Mobiliar benachbarter Motorhomes durch die Gegend. Alles, um den symbolischen Händedruck und ein paar Worte zu erhaschen. Aber die sind sowieso eher dünn: »Der Streit war eine Belastung für uns beide, wir haben uns ausgesprochen, es ist besser so«, meint Prost. Senna spricht vom »neuen Anfang«, davon, daß man nur noch fair auf der Strecke gegeneinander kämpfen wolle, wirkt aber ein bißchen vorsichtig. Ob das denn jetzt wirklich auf einmal funktionieren könne, will einer seiner brasilianischen Journalistenfreunde wissen. »Wir werden es versuchen.« Wie gesagt – vieles sitzt unendlich tief.

Der Unterschied zu Monza 1990: diesmal ist die »Versöhnung« nicht unter so direktem Druck von außen entstanden. Aber trotzdem haben viele Zweifel, wie lange der Frieden diesmal halten wird.

Er hält – relativ einfach zu erklären, weil Prost in der nächsten Saison mangels Topauto nicht fährt – bis in den Herbst 1992, bis Senna erkennen muß, daß Prost ihn ausgespielt hat, sich nicht zuletzt dank seiner Renault-Beziehungen das begehrte Williams-Cockpit für 1993 gesichert hat und ihn jetzt dort auch noch als Teamkollegen ausschließt. Da ist sie wieder, Prost und seine »French connection«, von der Senna sich immer wieder betrogen fühlt.

Als er in Portugal endgültig erfahren muß, daß er sein »Traumauto«, den Williams, nicht bekommt, leistet er sich wieder einmal einen seiner berühmten Emotionsausbrüche, bei denen Worte fallen, von denen er wahrscheinlich spätestens fünf Minuten später selbst ganz genau weiß, daß er sie so besser nicht gesagt hätte. Zum Beispiel den Satz vom »Rennauto, das auch eine Waffe sein kann. Es könnte gefährlich werden, wenn wir nächstes Jahr aufeinandertreffen.« Munition für die Kritiker, beim nächsten noch so kleinen Zwischenfall perfekt zu verwenden. Die Feststellung, daß Prost ein Feigling sei, »der in einem Hundertmeterlauf als einziger mit Spikes gegen lauter Gegner mit Bleischuhen antreten will«, ist dagegen fast witzig.

Zu einem wirklich gefährlichen Duell kommt es dann 1993 zum Glück nicht. Ein paar enge Kämpfe, in den ersten Runden in Imola und in Silverstone, als Prost den schlechteren Start erwischt und einige Zeit braucht, um an Sennas McLaren vorbeizukommen, sonst kommt man sich nie wirklich nahe. Neben der Strecke die eine oder andere ironische Spitze, wie in Donington, ansonsten hauptsächlich Funkstille, mehr oder weniger gegenseitiges Ignorieren.

Dann die schöne Geste von Adelaide, ein paar normale Worte beim Kart-Meeting im Winter in Bercy, ein paar sehr faire Kommentare von Prost im französischen Fernsehen während des Brasilien-Grand-Prix 1994. Und das letzte Gespräch in Imola – es schien doch noch einen Weg aufeinander zu möglich zu machen... Irgendwann, in den Tagen nach Imola, sagt Alain Prost: »Wir wären einer ohne den anderen nicht das gewesen, was wir waren und sind...«

»Du kannst das System nicht besiegen«

Die Kämpfe mit der Obrigkeit – und Kritikern

Eines zieht sich fast genauso hartnäckig durch die Senna-Karriere wie der Kampf gegen Alain Prost – und ist lange Zeit auch untrennbar damit verknüpft: Sein Kampf gegen die Obrigkeiten, gegen die Sportbehörden, gegen das, was er als die »Ungerechtigkeit, die schlimme Politik der Formel 1« empfindet.

Die großen Auseinandersetzungen beginnen im Herbst 1989. Senna ist schon vor Suzuka hellhörig, was die »Ko-Operation« zwischen Prost und dem FIA- und FISA-Präsidenten Jean-Marie Balestre angeht. Hat nicht Balestre ein paarmal mehr oder weniger deutlich gesagt, er vermute oder habe sogar Beweise dafür, daß Honda Prost benachteilige? Und hat er nicht nach dem Portugal-GP '89, als Senna von dem eigentlich schon mit der schwarzen Flagge disqualifizierten Nigel Mansell aus dem Rennen geworfen wurde, einen Kommentar abgegeben, daß man an solchen Situationen eben sehe, »daß weder Mansell noch Senna an Prosts Niveau heranreichen«?

Die Ungerechtigkeit tut unendlich weh: Pressekonferenz, Donnerstag, Adelaide 1989. . .

Spätestens nach der – in seinen Augen absolut unberechtigten – Disqualifikation in Suzuka ist er überzeugt, einen Zwei-Fronten-Kampf zu kämpfen: Nicht nur auf der Strecke gegen Prost, sondern auch daneben gegen die Sportbehörden.

Was bei der vom McLaren angestrengten Berufungsverhandlung in Paris gegen das Suzuka-Urteil noch verstärkt wird. Die Situation ist ja an sich schon grotesk: Die Disqualifikation wurde von FISA-Sportkommissaren ausgesprochen, also Repräsentanten der Sportbehörde. Die übergeordnete Instanz, die über die Berufung entscheidet, ist die FIA, der Welt-Automobil-Verband. Präsident beider Institutionen ist Jean-Marie Balestre!

Was sich in Paris abspielt, ist auch für neutrale Beobachter ein Skandal. Auf einmal geht es nicht mehr um die Vorfälle von Suzuka, sondern um ganz andere Dinge, die man Senna plötzlich vorwirft. Da kommt ein Sündenregister von sieben Punkten zusammen, mit dem man ihn konfrontiert, von dem Zweikampf mit Prost in Estoril '88 über den Startunfall beim Brasilien-GP '89 mit Berger und Patrese – über den sich die Fahrer übrigens intern längst auf »je 33 Prozent Schuld« geeinigt haben, bis zu Portugal 89, jene Sache mit dem bereits disqualifizierten Mansell... Eine ganze Menge Vorfälle also, die zumindest nicht eindeutig sind... Die Verantwortlichen sind sich nicht zu schade, sogar eine Szene aus dem Frankreich-GP zu zitieren, als Senna am Start die Antriebswelle reißt und er versucht, so schnell wie möglich auf den Randstreifen zu rollen, damit ihm keiner auffährt. Sogar das wird ihm jetzt als »gefährliche Fahrweise« ausgelegt...

Aber unabhängig vom Inhalt der Vorwürfe: Juristen sind sich einig, daß schon die Vorgehensweise an sich nicht haltbar ist. Eine Verhandlung müsse über das Thema geführt werden, über das sie anberaumt ist, und nicht über völlig andere Dinge. »Das war, als ob man wegen Ladendiebstahls vor Gericht steht, und plötzlich wird man wegen Mordes angeklagt«, findet Ron Dennis einen sehr plakativen Vergleich zu dem, was sich da in Paris abgespielt hat. Das Urteil ist brutal. Nicht nur, daß die Disqualifikation von Suzuka aufrecht erhalten wird – und die WM damit zugunsten von Prost endgültig entschieden ist. Senna bekommt, wenige Tage vor dem Australien-GP, zusätzlich 100 000 Dollar Geldstrafe und eine sechsmonatige Sperre auf Bewährung wegen »ständiger gefährlicher Fahrweise« aufgebrummt.

Er ist völlig am Boden zerstört – aber er will kämpfen. In Adelaide geht er am Donnerstag nachmittag an die Öffentlichkeit, redet sich alles von der Seele. Fast eineinhalb Stunden lang, kaum von Fragen unterbrochen, immer wieder stehen ihm die Tränen in den Augen. Immer wieder bittet er um Unterstützung in seinem Kampf »um Gerechtigkeit. Das ist es, worum es mir geht. Gerechtigkeit, Ehrlichkeit, das sind wichtige Werte in meinem Leben.«

Er hat daran gedacht, alles hinzuwerfen, gar nicht mehr nach Australien zu kommen. Oder spätestens nach Australien mit der Formel 1 aufzuhören. »Mir sind unendlich viele Gedanken durch den Kopf gegangen. Aber erstens bin ich Profi und habe eine gewisse Verantwortung auch meinem Team, den Sponsoren gegenüber. Und zweitens bin ich ein Mensch, dem seine eigenen Werte sehr wichtig sind. So wichtig, daß ich mir sie nicht von anderen zerstören lasse. Davonzulaufen, das ist nicht meine Art. Ich werde kämpfen, um meine Werte und um mein Recht."

Und er bittet die Medien um Hilfe: »Ihr könnt doch nicht einfach zusehen, wie solche Dinge passieren.« Was ihm so wehtut: Er fühlt sich im Recht, glaubt, daß das doch alle vernünftig und logisch denkenden Menschen so sehen müßten, und hat trotzdem das Gefühl, daß die meisten auf Prosts Seite stehen. »Ich habe den Unfall von Suzuka nicht verursacht«, betont er noch einmal, »und das müßt ihr gar nicht mir glauben. Schaut euch das Video an«. Er meint jene Helikopter-Aufnahmen, die

Nach langem Streit: Senna unterschreibt in Phoenix 1990 seine Superlizenz.

auch Ron Dennis immer wieder vorführt, die zeigen, wo Prost in die Schikane einlenkt… »Ich hatte für diesen Unfall nie die Verantwortung, genauso wenig wie für viele der anderen Zwischenfälle, die man mir jetzt anhängen will. Aber man hat mich behandelt wie einen Kriminellen, hat mir unterstellt, ich würde andere gefährden…«

Immer wieder wischt er sich die Tränen weg: »Ich habe sicher auch Fehler gemacht, im Umgang mit der Öffentlichkeit, mit den Medien, war nicht offen, nicht erreichbar genug, habe manchmal meine Position nicht deulich genug klargemacht. Aber manchmal konnte ich es auch nicht. Weil die Umstände dagegen waren. Manchmal war es aber sicher auch einfach falsch.« Er sucht einen neuen Anfang: »Laßt uns noch einmal von vorne beginnen, laßt uns besser zusammenarbeiten. Ich werde mich wirklich bemühen, es in Zukunft besser zu machen."

Er ist so offen, ehrlich und menschlich wie selten. Er gibt seine ganze Verletzlichkeit und Verletztheit preis – und auch viele, die ihn nie besonders mochten, sind berührt. Aber er zeigt auch seine ganze Wut, erhebt harte Anklagen gegen Jean-Marie Balestre, spricht jetzt auch offen aus, was er denkt: »Alles was passiert ist, ist passiert, um Prost zum WM-Titel zu verhelfen. Die Formel-1-Weltmeisterschaft 1989 wurde manipuliert.«

Eine Aussage, die Folgen hat. Der Kampf geht den ganzen Winter 1989/90 weiter. Balestre schäumt, will von Senna eine öffentliche Entschuldigung, »sonst bekommt er für 1990 keine Superlizenz.« McLaren überlegt lange, ob man gegen FISA und FIA noch etwas unternehmen sollte, verzichtet dann aber – auch auf Druck der Sponsoren – darauf. Es hatte sogar zur Debatte gestanden, den Fall vor ein ordentliches Gericht zu bringen – was aber wohl schon allein an der Zuständigkeitsfrage gescheitert wäre.

Im Dezember, im Rahmen der FIA-Weltmeister-Ehrung in Paris, soll es zwischen Senna und Balestre noch einmal eine Aussprache geben. Aber die Fronten sind verhärtet, die Emotionen aufgeheizt. Ayrton denkt überhaupt nicht daran, seine Manipulationsvorwürfe zurückzunehmen, sich zu entschuldigen. Balestre, für sein diktatorisches, herrisches und unbeherrschtes Gehabe bekannt, weicht keinen Schritt von seinen Forderungen ab, beharrt auch auf den 100 000 Dollar Strafe. Die beiden schreien sich nur an, heraus kommt bei dem Gespräch überhaupt nichts…

Senna zieht sich nach Brasilien in die Sonne zurück… Ob er 1990 fahren wird, fahren will, fahren darf? Der Zirkus geht bis Mitte Februar weiter. Auf der ersten FISA-Starterliste für die Saison 1990 fehlt sein Name: Nennung nicht akzeptiert – weil keine Superlizenz, weil keine Entschuldigung... Die 100 000 Dollar Strafe sind inzwischen stillschweigend bezahlt – von McLaren, der Hauptsponsor hat nachgeholfen...

Eine Stunde später gibt es dann eine neue Liste, diesmal mit Sennas Namen. Und ein Fax, von Senna aus São Paulo geschickt, in dem er erklärt, er habe nie behaupten wollen, die WM 1989 sei manipuliert worden, und er entschuldige sich dafür, wenn es Mißverständnisse gegeben habe...

Hat er im letzten Moment klein beigegeben? Fast sieht es so aus. Aber eineinhalb Jahre später, auf jener berühmten Pressekonferenz von Suzuka 1991, als er nach dem Gewinn seines dritten WM-Titels, nach einem »Fast-Sieg«, den er in der letzten Runde Gerhard Berger schenkt, mit allen und allem abrechnet, sagt er ziemlich deutlich, was er vorher immer nur ganz privat angedeutet hat: daß die Dinge damals anders liefen, wieder nicht geradlinig, wieder nicht ehrlich. »Ich habe zwar ein Fax geschickt, aber darin stand etwas anderes, dieser Text, der dann veröffentlich wurde, stammte nicht von mir...« Was nur den Schluß zuläßt, daß wieder manipuliert wurde...

Große Lust auf die Formel 1 hat er jedenfalls Anfang 1990 noch immer nicht: »Es ist nur aus der Verantwortung dem Team gegenüber heraus, daß ich überhaupt fahre... So viele Leute und ihre Jobs hängen an meiner Entscheidung, auch das muß ich bedenken. Aber ich fühle mich leer, habe keinerlei Gefühl für das Auto, für alles, was hier überhaupt passiert«, sagt er in Phoenix beim Saisonauftakt. Daß er gleich auf Anhieb gewinnt, ändert daran nichts.

Erst in Brasilien, als ihm seine Fans ihre ganze Liebe und Verehrung entgegenbringen, wird es wieder besser: »Das hat mir geholfen, mir einen Teil meiner Motivation zurückgegeben.« Aber er leidet noch lange, auch darunter, daß er eben wieder nicht die volle Wahrheit sagen darf, »sonst hätte es mich ja meine Lizenz gekostet«, wie er dann in Suzuka 1991 wütend hinwirft. Es ist überhaupt ein Ausbruch angestauter Emotionen, lange in sich hineingefressener Bitterkeit, großer Frustration, gespickt mit vielen Schimpfwörtern – was sonst überhaupt nicht sein Stil ist. Es ist ein Auspacken, ein »jetzt muß endlich einmal die Wahrheit auf den Tisch«, aggressiv vorgetragen, irgendwie »ohne Rücksicht auf Verluste«.

Daß es gerade in Suzuka passiert, hat neben dem symbolischen Ort und der Emotion nach dem dritten Titelgewinn noch einen anderen Hintergrund: Im Oktober hatte es einen Machtwechsel an der Spitze der Autoritäten gegeben, Balestre war durch den englischen Juristen und früheren March-Teamchef in der Formel 1, Max Mosley, abgelöst worden. Und zu dem hat Senna erheblich mehr Vertrauen: »Max hat Einfühlungsvermögen, ist intelligent und fair...«

Aber es ist beinahe typisch, daß auch Suzuka 1991 ein Nachspiel hat. Sennas Erklärungen, vor allem zum Hergang des Unfalls mit Prost in Suzuka im Vorjahr, werden vielfach verkürzt und ungenau wiedergegeben. Aus einer längeren Erklärung, aus »ich habe dazu beigetragen, aber ich habe nicht die Verantwortung«, wird in vielen Berichten ein plattes »Ich habe ihn absichtlich abgeschossen!« Was er nie gesagt hat...

Und vor allem die englischen Medien stürzen sich voller »Begeisterung« auf die etwas drastische Sprache, die »four-letter-words«, haben allein damit schon wieder ein Thema gefunden, über das sie sich eine Weile entrüsten können. Ayrton versucht, zu erklären: »Englisch ist für mich eine Fremdsprache, da verwendet man das eine oder andere Wort schon mal leichter als in seiner Muttersprache, ohne über die Tiefe der Wirkung nachzudenken...« Was die meisten der Engländer, die sowieso keine Fremdsprache beherrschen, aber nicht nachvollziehen können...

Inhaltlich ist auch Max Mosley von der Erklärung nicht begeistert, stellt sie doch generell die Sportbehörden in schlechtem Licht dar. Auf der Motorshow in Tokio treffen sich Mosley und Senna zu einem Gespräch, und ein bißchen später kommt dann, auf dem Umweg über McLaren, eine Erkärung Sennas heraus, in der es heißt, er bedauere einiges, was in Suzuka passiert sei, zumindest seien der »Zeitpunkt der Erklärung und die Wortwahl nicht adäquat gewesen...«

Daß dieser Rückzieher so ganz von ihm alleine kommt, darf bezweifelt werden, zumindest deutet er in Australien eine Woche später privat so etwas an. Offenbar wollten Mosley und Ron Dennis keinen weiteren Wirbel mehr. »Aber vergiß es, allmählich ist es mir eh' egal...« Die Kämpfe kosten einfach zu viel Substanz, irgendwann hat er keine Lust mehr...

Suzuka bis Adelaide – diese Zeitspanne scheint jede Form von Ärger aber auch geradezu anzuziehen. 1993 ist es wieder so weit. Trotz eines großartigen Sieges in Japan – Ayrton ist wieder einmal stinksauer. Diesmal auf den nordirischen GP-Neuling Eddie Irvine, der mit Damon Hill im Kampf um Platz vier liegt, dabei Senna, der überrunden will, völlig ignoriert und ihn rundenlang nicht vorbeiläßt. »Vor allem wären sich die zwei bei ihrem Kampf ein paarmal beinahe ins Auto gefahren, Irvine war ein paarmal im Dreck, hat Steine aufgewirbelt – und

Die Brasilianer tun in Interlagos 1990 deutlich kund, was sie von Jean-Marie Balestre und der FIA-Politik halten.

das alles knapp vor mir. Wie leicht hätte mich das einen sicheren Sieg kosten können, hätte ich mit rausfliegen können, wenn da was schiefgegangen wäre… 15 Sekunden habe ich sowieso verloren«, schimpft er, »so geht es doch wirklich nicht«. Daß sich Irvine dann kurz vor Schluß mit einem rotzfrechen Manöver sogar noch einmal zurückrundet, ist das Tüpfelchen auf dem »i«…

Trotzdem scheint die Sache damit eigentlich erledigt. Aber dann eskaliert die Situation – auch durch eine Verkettung von ein paar unglücklichen Zufällen. Josef Leberer bekommt alles hautnah mit: »Ayrton war eigentlich schon wieder ganz locker, am Fernseher lief noch einmal eine Rennaufzeichnung, er machte ein paar Bemerkungen, ›schau hin, was die da aufführen‹ aber eher schon ironisch, mit Distanz… Und dann kommt plötzlich so ein Schlaumeier daher und steckt ihm, was Irvine gerade an drastischen Bemerkungen über ihn abgelassen hatte…« Und das war im Ton mehr als deutlich gewesen: »Was will der eigentlich, f… Senna!« Der Schlaumeier war – nebenbei gesagt – offenbar Sennas eigene PR-Lady Betise…

»Erst daraufhin ist Ayrton wirklich wütend geworden«, sagt Josef, »das war halt auch sehr provozierend. Und man muß bedenken, was sich während eines Grand Prix in einem Fahrer alles aufbaut an Gefühlen, an Spannungen, das ist für einen Normalbürger wahrscheinlich nie nachvollziehbar. Ich war dummerweise beschäftigt, war irgendwas am Kochen, als ich mich umgedreht hatte, war er schon zur Tür rausgestürzt…« Leberer ist sich sicher, daß er ihn sonst hätte aufhalten können: »Ich hätte ihm gesagt, jetzt setz dich erstmal hin, iß was, in zehn Minuten sieht das anders aus. Notfalls hätte ich ihn einfach festgehalten. Vielleicht hätte er

Suzuka 1993: Irvine behindert Senna – ein Duell, das Folgen hat.

dann mich angebrüllt oder attackiert – aber das wäre egal gewesen, wir verstehen uns so gut, das hätte kein Problem gegeben. Und im Nachhinein wäre er vielleicht sogar dankbar gewesen.«
Daß Senna dann nach kurzer Diskussion mit Irvine die Beherrschung verliert und ihm eine knallt, kann Leberer zwar »verstehen, aber nicht gutheißen. Gut, Irvine hat ihn wohl permanent weiter provoziert, hat es quasi darauf angelegt, aber trotzdem: So hat er sich nur selbst ins Unrecht gesetzt, seine eigene Position geschwächt.«
Anmerkung: Der Dialog lief etwa so: Senna: »Kennst du die Regeln nicht, wie hat man sich beim Überrunden zu verhalten?« Irvine, betont cool: »Den anderen vorbeizulassen!« Senna: »Und warum hast du das dann nicht getan?« Irvine, arrogant: »Weil du so langsam warst!« Senna: »Wie kann ich langsam sein, wenn ich eine ganze Runde auf dich gutmache?« Irvine gab weiter provokative Antworten, darauf ging Senna sein südamerikanisches Temperament durch...
»Er ist einfach ungeheuer emotional«, sagt Leberer damals, »was einerseits eine große Stärke ist, denn aus dieser Emotionalität holt er sehr viel seiner Kraft für Glanzleistungen wie die von Suzuka. Andererseits ist es natürlich seine Schwachstelle – weil andere merken, daß sie ihn da treffen können, daß er relativ leicht zu provozieren ist, wenn man es nur richtig anstellt.« Und wenn man ihm eben anders nicht beikomme, dann versuche man es eben auf diese Tour: »Gerade die neuen, jungen Fahrer haben da keinerlei Respekt – wie er früher auch nicht unbedingt... Deshalb muß Ayrton lernen, seine Emotionen noch besser zu kontrollieren. Er spielt ja sonst nur seinen Gegnern in die Hände. Ich werde da sicher noch mal eingehend mit ihm reden. Ein bißchen kann man sowas auch trainieren...«
Senna selbst ist sehr schnell klar, daß er da einen Fehler gemacht hat. »Gewalt anzuwenden ist immer die falsche Lösung.« Was er in Adelaide

zwei Wochen später auch zugibt, allerdings nur im kleineren Kreise »neutraler« Franzosen, als er die Suzuka-Vorfälle noch einmal aus seiner Sicht analysiert: »Was mich so wütend gemacht hat, war nicht in erster Linie die Tatsache, daß Irvine einen Fehler gemacht hat. Jeder macht Fehler – auch ich habe eine Menge gemacht. Das ist nicht der Punkt. Entscheidend ist, daß er überhaupt nicht bereit war, auch nur einen Teil der Verantwortung zu übernehmen. Ich habe gegen eine Wand geredet. Er hat sogar versucht, mir die Schuld zuzuschieben, ich sei halt zur falschen Zeit am falschen Ort gewesen und solche Sprüche… » Weiterhin entschieden in seiner harten Kritik, entschuldigt er sich aber trotzdem eindeutig für die Attacke: »Mir sind die Nerven durchgegangen – was mir sehr leid tut. Ich will keine Kontroversen, ich mag keine Fights – auch wenn man sich ihnen manchmal stellen muß. Ich fühle mich mit dem, was passiert ist, überhaupt nicht gut. Daß ich da hingegangen bin und ihm eine gegeben habe, hat mein ganzes Wochenende zerstört, meinen Sieg."

Vorher, im internationalen Kreis, vor vielen Briten, die ihn nach Suzuka wieder einmal heftiger als alle anderen kritisiert hatten, überhaupt kein Verständnis aufbrachten, hatte er sich geweigert, über das Thema zu reden, zunächst, »weil ja sowieso nie das rüberkommt, was ich wirklich sage«. Später an diesem Wochenende greift er die Engländer noch einmal heftig an, als er das Gefühl haben muß, sie wollten ihn wieder einmal provozieren: »Ihr habt ja sowieso keine Ahnung…« Will er den »Krieg«? Die Antwort ist noch immer emotionsgeladen: »Die schreiben doch sowieso nur schlecht über mich. Jetzt habe ich ihnen mal die Meinung gesagt, jetzt haben sie wenigstens einen Grund dazu…"

Daß ihn viele gezielt provozieren, weiß er auch: »Wenn du jetzt allerdings speziell die Irvine-Geschichte meinst, die ganzen Dinge, die da schiefgelaufen sind, die Leute, die da ihren Job nicht ordentlich gemacht haben, Fehler gemacht haben, keine Ahnung hatten, dann nicht. Das war ein Zusammentreffen unglücklicher Umstände, wodurch alles außer Kontrolle geriet… Aber bei einigen Konkurrenten, da gibt es das schon, ganz sicher, das weiß ich auch…« Und seine Konsequenz daraus? »Es gibt nur eine: Sie immer wieder auf der Strecke zu besiegen!«

Am 9. Dezember kommt es bei der FIA in Paris zu einer Verhandlung. Ayrton ist sich vorher sicher, freigesprochen zu werden, »aber schon nach ein paar Minuten merke ich, daß das alles in eine andere Richtung läuft…« Am Ende gibt es eine »Sperre für zwei Rennen – mit sechs Monaten Beewährungsfrist.« Sein Gesicht spiegelt seinen Ärger wider, als er aus dem Gerichtssaal kommt, seinen Manager, den Juristen Julian Jakobi, neben sich. Aber er gibt erst einmal keinen Kommentar ab – was sicher besser ist und wozu Jakobi ihm auch dringend geraten hatte. »Im Aufzug schimpft er dann los – aber da sind wir alleine«, erinnert sich Julian, »ich habe immer wieder versucht, ihm klarzumachen, sich nicht mit zu schnellen, spontanen, emotionalen Reaktionen selbst zu schaden…«

Diesmal klappt es, zu dem ganzen Thema kommt nicht mehr viel, nur ein paar Wochen später noch einmal der Satz, daß er sich vor allem darüber geärgert habe, daß man »über das, was Irvine auf der Strecke aufgeführt hat, kein Wort mehr verlor… Denn das war wirklich gefährlich… Und wenn so etwas ohne Konsequenzen bleibt, schafft das Raum für weitere Zwischenfälle.« Und die etwas resignierte Feststellung: »Wenn ich in all diesen Jahren etwas gemerkt habe, dann das, das man das System nicht besiegen kann.« Er mache sich da, sagt er, keine Illusionen mehr: »Entweder man paßt sich einfach an und hat es relativ einfach, oder man kämpft und muß dann aber auch bereit sein, mit den Konsequenzen zu leben.«

In Portugal, im Januar, beim Testen trifft er auf Irvine. Es gibt einen kurzen Handschlag, aber keine große Konversation… Auch als Eddie nach dem Brasilien-GP '94, in dem er einen Riesencrash zwischen vier Autos zumindest mitverursacht, für drei Rennen gesperrt wird, gibt es von Senna keinen Kommentar mehr dazu… Aber ob er sich innerlich ein gewisses Grinsen wohl verkneifen konnte?

»Die größte Herausforderung«

Monaco – ein besonderer Ort

Monte Carlo, 23. Mai 1993, abends, kurz vor halb sechs: Es ist ein historisches Datum, eines, das in die Motorsportgeschichte eingehen wird. Ayrton Senna hat zum sechstenmal den Grand Prix von Monte Carlo gewonnen, zum fünftenmal hintereinander in ununterbrochener Reihenfolge.

Neben ihm auf dem Siegerpodest steht der Sohn des bisherigen Rekordhalters, Graham Hill, Damon. Und der ist einer der ersten Gratulanten: »Mein Vater wäre sicher stolz darauf gewesen, daß es jemanden wie Senna gebraucht hat, um seinen Rekord auszulöschen.« Ayrton bedankt sich, ohne Worte, nur mit einer kurzen, gerührten Geste, die viel sagt…

Er ist von Emotionen überwältigt, wie immer in seinen größten Momenten, überglücklich. Monaco bedeutet ihm so viel, weil er sich nirgendwo sonst als Fahrer so gefordert fühlt: »Monaco ist eine fantastische Strecke, die größte Herausforderung überhaupt. Man ist ständig ganz nahe am Limit,

wirklich die ganze Zeit, das ganz Wochenende. Nicht nur im Rennen, sondern von der ersten Trainingsrunde am Donnerstag morgen an. Du bist ständig auf der Kante, am Limit – und zwischen richtig am Limit und nur halb am Limit liegt eine halbe Sekunde pro Runde.«

Und Monaco 1993 ist nicht unbedingt ein Rennen, in dem er mit einem Sieg rechnen darf. Noch zwei Wochen vorher sagt er: »Dieses sich permanent im Grenzbereich bewegen, das Typische für Monaco, das ist eine ständige Herausforderung. Da ohne Fehler durch das ganze Wochenende zu kommen, nicht ein einziges Mal das Auto zu beschädigen, wirklich nicht den kleinsten Fehler zu machen, darum geht es. Ein einziges Problem kann das ganze Wochenende beeinträchtigen.«

Prompt passiert genau so etwas: Bei einem bösen Abflug am Donnerstag morgen im freien Training am Ende der Start-Ziel-Geraden mit Tempo 250 verletzt er sich leicht am Daumen – und vor allem leidet die Psyche. Sicher auch unter dem Wissen, daß die Ursache ein grundlegendes Problem ist, das McLaren damals hat: eine auf extremen Bodenwellen noch nicht hundertprozentig funktionierende aktive Aufhängung. »Ich habe nach dem Unfall ein bißchen den letzten Biß verloren, das letzte Prozent zwischen 99 und 100«, gibt er damals zu, am Sonntag abend, nach seinem Rekordsieg. »Es wurde zwar langsam wieder besser und besser – aber bis zum Ende des Wochenendes war ich nie mehr am absoluten Maximum. Mir tat die Hand immer noch weh… Und jedesmal, wenn es wehtut, denkt man natürlich wieder an den Unfall.«

Nachdenklich meint er damals: »Jedesmal, wenn man einen bösen Un-

Ein legendärer Sieg: Monaco 1993, Sennas sechster Triumph im Fürstentum, ein neuer, absoluter Rekord.

Zum erstenmal ist Ayrtons neue Freundin Adriane Galisteu in Monte Carlo 1993 bei einem Grand Prix.

fall hat, wirft einen das zurück. Man geht einen Schritt zurück, und es braucht einige Zeit, sich wieder aufzubauen, wieder auf das Niveau zu kommen, auf dem man war. Deshalb ist es so wichtig, keine Unfälle zu haben – um immer nach vorne gehen zu können, ohne Rückschritte. Aber wenn es passiert, wenn man einen Unfall hatte, der Rückschlag da ist, dann muß man extra vorsichtig sein, daß nicht gleich darauf noch ein zweiter passiert. Man muß besonders aufpassen, sich langsam wieder an das Maximum heranzutasten, ohne einen neuen Unfall. Denn sonst ist es doppelt so hart, wieder auf sein eigenes Top-Niveau zu kommen.«

Er versucht, noch konzentrierter zu sein als sonst: »Grundsätzlich ist wirklich das wichtigste, noch aufmerksamer zu sein, alle Sinne noch mehr in Alarmzustand zu versetzen, um jede Situation, die zu einem neuen Unfall führen könnte, vorzeitig zu erkennen und abzufangen. Aber es braucht Zeit – selbst am Ende des Monaco-Wochenendes war ich wohl noch nicht wieder ganz auf dem Niveau, auf dem ich am Donnerstag begonnen hatte. Erst beim nächsten Rennen in Kanada war es wieder okay, da war ich wieder am Limit.«

Die 99 Prozent reichen 1993, um die Herausforderung Monaco siegreich zu beenden. »Es ist von der Strecke her wirklich die größte Herausforderung der gesamten WM. Weil man doch relativ schnell fährt und nicht der geringste Raum für einen Fehler bleibt. Weil es einfach keinen Platz gibt. Monaco ist auch physisch anstrengend, weil eine Kurve an der anderen hängt. Und psychisch, weil man die ganze Zeit so aufmerksam, so präzise sein muß. Dein Limit sind die Mauern. Manchmal bist du nur Milimeter von den Mauern weg, wenn du wirklich schnell bist, am Kurveneingang, und du denkst dir »jetzt, jetzt bleibe ich hängen«, und du weißt, wenn ich hängenbleibe, dann fliege ich auch noch wo anders dagegen, dann kann das ein böser Unfall werden… Du hast das Gefühl, die Mauern zu streifen, ständig, in je-

der Kurve. Und das ist es, was Monaco für mich so reizvoll macht: Dieser Kurs kann deine eigenen Grenzen ganz weit hinausschieben.«
Er weiß vor dem Start, daß er nicht die besten Chancen hat. Alain Prost hat mit dem Williams sicher das bessere Auto, auch Michael Schumacher steht mit dem Benetton noch vor ihm. Taktisch nicht ungeschickt, läßt er vorher überall durchsickern, wie sehr er sich heute auf einen Blitzstart konzentrieren werde – aus der zweiten Reihe die einzige Chance… Ob Alain Prost deshalb ein bißchen nervös wird, einen Frühstart produziert, der ihm eine 10-Sekunden-Zeitstrafe einbringt? Jedenfalls würgt der Franzose bei dem Zwangsstopp auch noch den Motor ab, verliert so viel Zeit, daß er als Gegner kein Thema mehr ist.
Bleibt Schumacher, der Senna am Anfang bis zu guten 15 Sekunden wegfährt. Aber Ayrtons Taktik sieht so aus, »daß ich anfangs versuchen muß, meine Reifen zu schonen, auf jeden Fall ohne Stopp durchfahren – und hoffen, daß die anderen wechseln müssen.« Hätte Michael wohl auch gemußt: Die Benetton-Box rechnet mit Schumachers Reifenstop etwa in der 35. Runde – aber so weit kommt es gar nicht mehr. In der 32. Runde kollabiert die Hydraulik des Benetton, Senna übernimmt kampflos die Führung, ist dann nie mehr wirklich in Gefahr, diesen Grand Prix zu verlieren, kann sich in der 50. Runde sogar einen Sicherheits-Reifenwechsel leisten. »Nur, um wirklich kein Risiko zu gehen – ich hatte ja genügend Vorsprung.«
Der Sieg ist am Ende nicht so dramatisch wie andere seiner Monaco-Triumphe – aber er ist so ungeheur wichtig: wegen des Rekords. Das einzige, was schiefgeht: Als er wie üblich seine Ehrenrunde mit der brasilianischen Flagge fahren will, löst die sich von der Stange, fliegt weg – und er

Monaco 93: Die verletze Hand vom Trainingsunfall macht ein paar Probleme.

fährt mit dem blanken Stock in der Hand durch die Gegend… Kein Grund, am Abend nicht ausgiebig zu feiern: Erst beim Pflichttermin Fürsten-Dinner im Sporting Club, dann mit einem kurzen Abstecher ins Nobel-Restaurant »Rampoldi«, dann mit einer langen Nacht im »Jimmy's« – und Adriane ist immer dabei, es ist der erste »offizielle« Auftritt seiner neuen Freundin in der Formel-1-Welt…
Er feiert – aber sicher gehen ihm auch seine zehn Monaco-Jahre durch den Kopf, zehn Jahre seit 1984, seit damals, als die Welt in Monaco zum erstenmal auf Ayrton Senna aufmerksam wurde, durch jenen zweiten Platz im strömenden Regen, in einem unterlegenen Auto, der die Fachwelt staunen ließ, »und ich selbst wußte ab da endgültig: Ich kann es!« Seit 1987 beherrschte er den Grand Prix im Fürstentum. »Und jedes Jahr war für mich etwas ganz Besonderes…«
1987 gewinnt er zum erstenmal, mit dem Lotus-Honda, »mein erster Sieg mit dem Honda-Motor, der erste einer langen, erfolgreichen und sehr engen Partnerschaft,« und – was heute kaum noch jemand weiß: Es ist der erste Sieg eines Formel-1-Autos mit aktiver Aufhängung – Lotus experimentiert damals schon mit diesem System herum. »Außerdem war es das erstemal, daß ein Brasilianer in Monte Carlo gewonnen hat, das war für mich auch sehr wichtig.« Als er am Abend mit dem Motorroller vom

Der erste Monaco-Sieg, 1987: Lotus-Rennleiter Peter Warr ist das Opfer der Champagnerschlacht.

Sieger-Dinner mit dem Fürsten nach Hause fährt, schnappt ihn die Polizei, weil er keinen Helm trägt: in Monte Carlo strenge Vorschrift. Er muß sogar mit auf die Wache – den unerbittlichen Beamten ist der neue Monaco-Sieger noch kein Begriff.

1988 dann zwar kein Sieg, sondern eine sehr, sehr bittere Niederlage, aber für Senna trotzdem »einer der wichtigsten Momente meiner Karriere, ein Wendepunkt.« Er hat sich einen souveränen Vorsprung von fast einer Minute auf seinen Teamkollegen Alain Prost herausgefahren, als ihn Teamchef Ron Dennis über Funk auffordert, doch ruhig ein bißchen langsamer zu fahren, ja nichts mehr zu riskieren. Beim »Langsamfahren« verliert Senna die Konzentration, »ich bin schon ein-, zweimal ganz leicht irgendwo angeschlagen«, kracht dann, zwölf Runden vor Schluß, vor der Einfahrt in den Tunnel in die Leitplanke. »Ich hatte in diesem Rennen alles: Ein Auto, um zu gewinnen, meine eigenen Fähigkeiten, zu gewinnen, den entsprechenden Vorsprung. Und ich habe diese Chance verpaßt – durch meinen eigenen Fehler. Das hat mir sehr weh getan.«

Er geht damals nach dem Unfall gar nicht an die Box zurück, sondern verkriecht sich sofort nach Hause, in sein Appartement, auch das Team weiß lange nicht, was eigentlich los gewesen ist. »Aber dieser Fehler war eine gute Lektion, ich habe versucht, die Konsequenzen daraus zu ziehen, für die Zukunft zu lernen.«

Er läßt sich von seiner Schwester Viviane, einer Psychologin, beraten und betreuen, um mental noch stärker zu werden, und er wendet sich stärker dem Glauben, der Bibel, zu, um daraus Kraft und Antworten zu finden. »Dieses Rennen war wirklich ein Wendepunkt in meinem Leben – und am Ende hat es so viele positive Konsequenzen gehabt, daß sie die eine bittere Niederlage bei weitem aufwiegen. Vielleicht war 1988 sogar langfristig mein wichtigstes Monaco-Wochenende überhaupt.«

1989 holt er sich den im Vorjahr verschenkten Sieg zurück. »Ich wollte da unbedingt was gutmachen. Die Erinnerung an 1988 war immer noch ganz stark da. Jedesmal, wenn ich zu meinem Appartement gegangen bin, das ja nur 200 Meter von der Unfallstelle weg war, jedesmal, wenn ich in Monaco unterwegs war, bin ich dort vorbeigekommen, an der Stelle, konnte noch die Spuren sehen.« Und jedesmal gibt es einen Stich ins Herz: »Ich konnte einfach keinen Abstand bekommen. Und irgendwie hatte ich es auch während des '89er-Wochenendes immer noch im Hinterkopf. Aber ich konnte es zumindest soweit verdrängen, daß es mich nicht weiter irritiert hat, daß ich gewinnen konnte.« Er weiß ganz genau, daß er diesen Sieg auch unter WM-Aspekten braucht: »Es stand nicht besonders gut, ich hatte ja das erste Rennen des Jahres, Brasilien, durch einen blöden Unfall in der ersten Kurve verloren…« Es ist auch aus einem anderen Grund kein leichtes Wochenende: Nie zuvor ist Senna so heiß darauf gewesen, Alain Prost zu besiegen, ihn regelrecht zu demütigen. Es ist das Rennen nach dem Streit von Imola, »und er hatte in diesen zwei Wochen sehr schlimme Dinge über mich gesagt. Vor allem immer hintenherum, direkt ins Gesicht hat er mir und Ron Dennis dann wieder andere Dinge gesagt. Es war schlimm, ich war wirklich angefressen. Ich wollte nur eines: Das ganze Wochenende vor ihm sein, zu jeder Zeit. Und dann auch gewinnen.« Er schafft es auch – trotz Getriebeproblemen, von denen Prost aber nichts mitbekommt, so daß er gar nicht mehr zu attackieren versucht. Der erste und der zweite Gang funktionieren am Senna-Auto ab der Hälfte der Distanz nicht mehr, »aber ich hatte einen großen Vorsprung und habe in den anderen Passagen immer noch sehr hart attackiert, um die Zeit auszugleichen, die ich in den ganz langsamen Ecken verlor. Dadurch blieb der Abstand einigermaßen konstant, und er hat nie gemerkt, daß ich ein Problem hatte. Dieser Sieg war die beste Antwort, die ich ihm geben konnte.«

1990 folgt Triumph Nummer drei – in einem Jahr, in dem sich schon am Anfang sehr schnell abzeichnet, daß sich die WM zu einem Zweikampf zwischen Senna im McLaren und Prost im Ferrari entwickeln wird. »Jeder Punkt zählte, für die WM war es ein sehr wichtiger Sieg, und auch für mich – weil ich immer noch gewisse Motivationsprobleme hatte, nach dem politischen Ärger seit Suzuka. Leicht war es auch nicht, ich hatte wieder Getriebeärger, nicht so schlimm wie '89, aber immerhin.«

1991 kommt er mit drei Siegen aus den ersten drei Rennen als haushoher Favorit ins Fürstentum. »Aber ich wußte schon zu dem Zeitpunkt, daß unser Auto eigentlich gar nicht so gut, so überlegen war, wie es aussah, daß die Williams in Wirklichkeit schon schneller waren. Nur war es ziemlich schwierig, das den entscheidenden Leuten klarzumachen. Wir waren ja am Gewinnen…« Aber eines weiß er auch – daß der McLaren ziemlich zuverlässig ist, zumindest im Vergleich zu Williams zu diesem Zeitpunkt. Deswegen baut er darauf, seinen Vorsprung jetzt, in der Anfangs-

Typische Monaco-Perspektive: Die Autos verschwinden fast in den Leitplankenschluchten.

phase der Saison, auszubauen: »Um später ein Polster zu haben, wovon ich zehren kann. Denn mir war klar, daß die Williams im Laufe der Zeit auch zuverlässiger werden würden.« Monaco ist die optimale Gelegenheit, noch einmal zuzuschlagen.

»Aber es war kein leichtes Rennen, überhaupt nicht, auch wenn es von außen vielleicht ungefährdet ausgesehen haben mag. Ich hatte wieder ziemliche Getriebeprobleme, mußte kämpfen.« Trotzdem hat er noch die Zeit, während des Fahrens auf der großen Videowand zu verfolgen, wie sich in deutlichem Abstand hinter ihm Alain Prost und Nigel Mansell in der Hafen-Schikane massiv beharken, wie Mansell sich schließlich vorbeiquetscht. »War amüsant, da zuzuschauen.« Aber nach dem Rennen ist ihm die Erschöpfung deutlich anzumerken. Bei der Siegerpressekonferenz ist er unkonzentriert wie selten, läßt sich ablenken. Daß gleichzeitig im Pressezentrum telefoniert wird, irritiert ihn so, daß er mehrfach den Faden verliert, ärgerlich wird. Zwei Stunden vollste Konzentration zwischen den Mauern von Monaco, sie haben auch von ihm seinen Preis gefordert. Obwohl er natürlich sehr, sehr glücklich ist. Allmählich kommt er seinem Traum, Graham Hills Monaco-Rekord von fünf Siegen, immer näher. »Das war jetzt der vierte, und wenn es mir nächstes Jahr gelingen sollte, den Rekord einzustellen, dann habe ich dabei zumindest schon mal mehr Siege in Serie als Hill«. Er gibt schon zu, daß er in diese Richtung denkt. Wenn er manchmal erzählt, Statistiken würden ihn nicht interessieren, ist da sicher viel Koketterie dabei. Wer den Anspruch hat, immer und überall der Beste zu sein, der möchte das letztlich

Die letzten Runden von Monaco 92: Das Duell Senna gegen Mansell schreibt Rennsport-Geschichte.

Gatorade
MAGNETI
MARELLI

auch in Zahlen ausgedrückt der Welt beweisen…

Aber 1992 scheint die Serie abzureißen. Der Williams-Renault und Nigel Mansell scheinen unschlagbar, Mansell hat die ersten fünf Saisonrennen gewonnen – und er führt auch in Monaco deutlich. Aber Senna ist Zweiter und kämpft um jede Zehntelsekunde, um den Abstand einigermaßen in Grenzen zu halten: »Ich wußte, daß meine einzige Chance darin bestand, so dicht wie möglich dran zu sein, falls er ein Problem bekommt. Ich mußte auf diese Gelegenheit hoffen. Und ich habe nie aufgegeben. Ich war immer am absoluten Limit. Am technischen, an dem des Autos, und auch an meinem menschlichen.«

Schon am Start, in der ersten Kurve, zwängt er sich an dem vor ihm gestarteten Riccardo Patrese vorbei: »Das war der erste Teil meines Plans. Wäre ich auch noch hinter ihm gewesen, hätte ich nie eine Chance gehabt.« Mit allem Einsatz kann er den Rückstand auf Mansell bei etwa 20 Sekunden halten, aber dann verliert er in einer Runde fast zehn Sekunden: »Es war unheimlich frustrierend. Michele Alboreto hat sich gedreht, zwischen Mirabeau und Loews, in dem engen Bergabstück, und er stand mitten auf der Straße. Ich war der nächste, der kam, konnte gerade noch stehenbleiben, mit blockierten Rädern, vielleicht einen halben Meter von seinem Auto weg.«

Er kann nichts tun, die Strecke ist blockiert, er muß einfach nur warten, bis Alboreto sein Auto wieder in Gang bekommt, Platz machen, ihn vorbeilassen kann. »Ich habe dagesessen, habe nur gedacht, das darf einfach nicht wahr sein, jetzt habe ich dadurch vielleicht alle Chancen verloren, selbst wenn Mansell jetzt ein Problem bekommt, bin ich so weit weg… Es war nicht einfach, danach wieder voll weiter zu kämpfen, wieder mit allerletztem Einsatz zu fahren. Aber ich habe es getan.«

Und er wird für seinen Kampfgeist belohnt. Mansell bekommt in der 70. Runde ein Problem: »Im Tunnel wäre ich fast abgeflogen, ich vermute einen Reifenschaden.« Er kommt an die Box, wechselt alle vier Räder – ob Reifen, Felge, Radmutter, wo das Problem wirklich lag, wird man nie erfahren. Als er wieder auf die Strecke kommt, liegt er gute fünf Sekunden hinter Senna. Was folgt, sind sieben Runden, die die Fans den Atem anhalten lassen, sieben Runden, die Rennsportgeschichte schreiben.

Mit dem generell schnelleren Auto und vor allem mit neuen Reifen ist Mansell innerhalb von zwei Runden wieder an Senna dran. Aber einen Gegner einzuholen und ihn zu überholen, das sind in Monaco zwei Paar Stiefel. Natürlich könnte Mansell sicher drei Sekunden pro Runde schneller fahren – aber er kommt an dem McLaren einfach nicht vorbei: »Manchmal habe ich drei Autos vor mir gesehen.«

Aber nicht einmal Mansell, der sonst ja ganz gern jammert, beschwert sich nachher über unfaire Fahrweise: »Er hat das getan, was er aus seiner Sicht tun mußte… Wir waren beide weit über dem Limit.« Wo auch immer Mansell hinwill, Senna ist schon da. Er

Traurige Symbolik: Josef Leberer 1994 in Monaco.

hält das Auto meistens in der Mitte der Straße, bietet kein Loch, nicht die kleinste Lücke, in die sein Gegner vielleicht hineinstechen könnte. Er kontrolliert Mansell, sein Auto, sich selbst. Obwohl seine Reifen ziemlich am Ende sind, er immer in der Gefahr ist, doch einmal irgendwo von der Linie wegzurutschen, vielleicht sogar wo anzuschlagen. Gerhard Berger sagt später: »Niemand anders außer Senna hätte dieses Rennen unter diesen Umständen gewinnen können. Jeder andere hätte irgendwann einmal einen Fehler gemacht.«

Senna macht keinen – und Mansell startet auch keine unüberlegte Gewaltaktion, mit der viele rechnen. Als nach der 78. Runde die Zielflagge herauskommt, trennen die beiden genau 0,215 Sekunden. Ein Wimpernschlag, der für Senna eine Welt bedeutet. »Monaco ist der wichtigste Grand Prix überhaupt. Deshalb ist es so besonders schön, hier Hills Rekord eingestellt zu haben. Für mich eines der größten Dinge, die man im Motorsport erreichen kann.«

Und er genießt diesen Erfolg, badet in den Komplimenten, im Applaus, der ihm überall entgegenschlägt, auch als er zur Pressekonferenz kommt. Fast eine Stunde ist er da, gibt auch nach dem offiziellen Teil noch bereitwillig Interviews in drei Sprachen durcheinander… Immer wieder dankt man ihm auch dafür, die Mansell-Siegesserie dieses Jahres unterbrochen zu haben, die viele allmählich schon gelangweilt hat. Er lächelt nur, leise, ein bißchen verträumt, er weiß, er wird in diesem Jahr nicht mehr viele Chancen zum Gewinnen haben. Also will er das Gefühl voll auskosten, jede Sekunde genießen…

1993 setzt er mit seinem sechsten Erfolg in Monaco noch einen drauf, erfüllt sich auch den letzten Traum vom alleinigen Rekord. Das Fürstentum der Grimaldis wird endgültig zum Königreich des Ayrton Senna.

Es ist eine brutale Ironie des Schicksals, daß das erste Rennen nach Imola 1994 Monte Carlo ist…

Abschied der Kollegen: Vor dem Start zum Monaco-GP '94. . .

BOSS
COURTAULDS
Shell
GOODYEAR

»Der absolute Grenz-bereich«

Pole-Position-König Senna

Wenn einer der Rekorde von Ayrton Senna die nächsten Rennfahrer-Generationen mit ziemlicher Sicherheit überdauern wird, dann der von 65 Pole-Positions in 161 Grands Prix. Zum Vergleich – der nächste in dieser Statistik ist Jim Clark mit gerade mal der Hälfte – 33 Trainigsbestzeiten.

Für Senna war eine Pole-Position nie nur »Mittel zum Zweck«, nur »der beste Startplatz für das Rennens.« Er erhob diese schnellen Trainingsrunden am absoluten Limit zu einer eigenen Disziplin der Formel 1, zu seiner ganz speziellen Kunst.

Über eine besondere Pole-Position konnte er sich fast genauso freuen wie über einen Rennsieg – Erinnerungen... Eine seiner schönsten und für ihn selbst wichtigsten Trainingsbestzeiten ist die von Interlagos '91, wo er vor heimischem Publikum scheinbar Unmögliches möglich macht – und nachher ganz genau zu erklären versucht, wie er sich zu einer solchen Leistung steigern kann.

Die einsame Jagd nach der Pole-Position – Ayrton Sennas Spezialdisziplin...

»Ich wußte, daß die Williams eine große Herausforderung für mich werden würden – und so kam es auch, nachdem sie im zweiten Anlauf meine bis dahin stehende Bestzeit um eine halbe Sekunde verbesserten. Um mich selbst noch einmal mindestens so zu steigern, mußte ich zwei Dinge tun: Das Auto technisch noch einmal verbessern – und mich fahrerisch auf ein noch höheres Niveau bringen. Beides nicht ganz einfach, wenn man sich schon beim ersten Versuch auf einem relativ hohen Level bewegt hat.«

Die große Steigerung zwischen dem ersten und zweiten Versuch, das Umsetzten aller beim ersten Anlauf gesammelten Informationen – eine von Sennas Spezialitäten. An diesem Samstag in Interlagos sitzt er zwischen den beiden Versuchen fast 20 Minuten lang beinahe regungslos im Auto, die Augen starr auf den Zeitenmonitor vor sich gerichtet. Was geht da in ihm vor?

»Die Gedanken gehen in zwei Richtungen. Es gibt eine technische und eine psychologische Seite. Technisch versuche ich, die ganze letzte Runde durchzugehen, was das Auto in welcher Kurve gemacht hat, wo es gut war, wo weniger. Ich denke über mögliche Änderungen nach, diskutiere mit den Ingenieuren, wir verwerfen vielleicht einige Ideen wieder, entscheiden, was wir am Auto machen.«

In Interlagos will er, »zunächst rein aus dem Gefühl heraus, eine aerodynamische Veränderung« – sprich, eine Flügel-Veränderung. »Die Ingenieure haben dann am Computer gecheckt, ob das möglich und vielleicht sinnvoll wäre, der Computer hat's bestätigt und dabei gleichzeitig eine mechanische Veränderung von – sagen wir – Position X vorgeschlagen. Ich habe mich dann, wieder gefühlsmäßig, für die Hälfte von X entschieden.«

Aber nur aus diesen Veränderungen, das weiß er mit seiner Erfahrung ganz genau, kann die notwendige Verbesserung um eine halbe Sekunde nicht kommen. »Gerade, wenn man an einem Auto, das an sich schon gut war, etwas geändert hat, braucht man noch einmal mehr psychische Stärke, um daran zu glauben, daß man sich selbst noch einmal steigern kann. Es ist eine Frage des Glaubens an sich selbst, des Willens, alles zu geben.«

Er wartet, im Auto festgeschnallt, in der Box, bis zum letztmöglichen Moment. »Wenn ich dann aus der Box fahre, schießen mir eine Million Dinge durch den Kopf und Körper, in einer Geschwindigkeit, die man nicht erklären kann. Alles geht dann so irrsinnig schnell. Situationen und Reaktionen darauf kommen so zahlreich und so schnell aufeinanderfolgend... Es ist eine Mischung aus natürlichem Instinkt und technischen Fähigkeiten, aus Erfahrungen, die man früher gemacht hat. Es sind Muster, die abrufbar sind, nach denen man handelt.«

Eine Minute, 16,392 Sekunden dauert diese Pole-Position-Runde, eine Minute und 16 Sekunden voller Spannung, Konzentration, eine Minute und 16 Sekunden im absoluten Grenzbereich menschlicher Leistungsfähigkeit: »Es ist ein unvorstellbar schneller Prozeß, der da in Kopf und Körper abläuft, alles ist auf ein einziges Ziel ausgerichtet. Es ist, als wenn man auf einen winzig kleinen Punkt fixiert ist, weit entfernt, so daß die Augen ihn gar nicht sehen können. Nur im Kopf, in seinen Gedanken projeziert man ihn dahin...« Als er nach der Runde in die Box kommt, vom Jubel der Zuschauer getragen, zerdrückt er ein paar Freudentränen, bedankt sich überschwenglich per Handschlag bei jedem einzelnen Teammitglied, die Stimmung gleicht der nach einem großen Rennsieg...

Senna liebte diese Herausforderung. So eine Runde wie die in Interlagos, das war für ihn Formel 1 pur, die Suche nach der letzten Grenze, von der man »dann, wenn man sie berührt, merkt, daß man sie doch noch ein Stück weiter hinausschieben kann...« Dieser Sprint, dieser einsame Kampf gegen die Uhr, in dem er auf »alle meine Fähigkeiten, meine Erfahrung, meinen Instinkt,« zurückgriff, er kam seiner Vorstellung vom »an die Grenzen gehen«, vom »Grenzen hinausschieben«, von der »Suche nach der absoluten Perfektion« am nächsten.

In den letzten Jahren hat ihm das Formel-1-Reglement ein kleines bißchen dieser Faszination genommen. Keine extremen Qualifikations-Motoren mehr, wie noch zu Turbo-Zeiten, seit 1992 auch keine Qualifikationsreifen mehr, die extreme Bodenhaftung brachten – aber wirklich nur eine Runde lang: »Damals war das eine fantastische Herausforderung, das Größte, was man sich vorstellen konnte. Alles konzentrierte sich auf diese eine Runde, und machmal hat man an besonderen Stellen lange den Atem angehalten, nur um voll am Limit zu fahren. In einem Rennen von anderthalb Stunden geht es nie so weit. Nie ist man in der Lage, das ganze Potential voll auszuschöpfen. Aber für 90 Sekunden, für eine Runde, schafft es das Auto, der Motor, die Reifen – und man selbst als Fahrer. Das war eine klare Sache, du und die Maschine und sonst nichts. Es war, pathetisch gesagt, das Maximum.«

Speziell ohne die Qualifikationsreifen machte es ihm nicht mehr ganz so viel Spaß, und mehr als einmal hielt er flammende Plädoyers, sie doch wieder einzuführen: »Man hat sie abgeschafft, um das Training sicherer zu machen. Aber das ist doch gar nicht passiert. Erstens einmal sind jetzt immer viel mehr Autos auf einmal auf

Konzentration: Auf Zeiten und Positionen der Gegner - und auf die eigene Runde.

der Strecke, das Risiko von Kollisionen ist also nicht geringer geworden. Denn auch jetzt geht niemand wirklich freiwillig vom Gas, der auf einer schnellen Runde ist, wenn er auf einen langsameren aufläuft…« Durch die seit 1993 bestehende Regel, daß jeder im Zeittraining nur noch zwölf Runden fahren darf, entzerrt sich dieses Problem ein bißchen…

Sennas zweiter Kritikpunkt: »Man hat einfach viel weniger Grip, was auch bedeutet, daß das Auto, wenn etwas passiert, wenn man sich dreht, viel langsamer abgebremst wird. Das Unfallrisiko wird höher.« Und drittens sei diese Form des Qualifying doch auch für die Zuschauer unattraktiver, unübersichtlicher: »Keiner weiß wirklich, wann wer auf einer schnellen Runde ist.« Am Ende gab er dann meistens zu, daß es ihm aber auch einfach darum ging, »daß jetzt für den Fahrer soviel Besonderes weg ist.«

Und das, obwohl er eine seiner tiefsten Erfahrungen in einem Formel-1-Auto 1988 in Monaco machte, einem Jahr, in dem es auch keine Qualifyer gab. Er steigerte sich damals im Abschlußtraining immer weiter, fuhr Runde um Runde immer schneller, lag zeitweise fast zwei Sekunden vor Alain Prost im gleichen Auto. »Ich hatte das Gefühl, wie in einem Tunnel zu fahren. Die ganze Strecke wurde zum Tunnel… Ich habe mich auf einem so hohen Konzentrationsniveau bewegt, daß das Auto und ich quasi eins wurden. Gemeinsam waren wir am Maximum. Ich habe dem Auto alles gegeben – und umgekehrt… Plötzlich bin ich dann quasi »aufgewacht« und habe gemerkt, daß ich mich irgendwie auf einer anderen Bewußtseinsebene bewegt hatte. Ich bin regelrecht erschrocken, sofort an die Box gekommen – und an diesem Tag nicht mehr gefahren. Ich habe realisiert, daß ich mich in einer Art unendlichen Spirale befunden hatte. Immer schneller, immer näher an der Perfektion… Aber auch immer verletzlicher, mit immer weniger Sicherheitsspielraum…«

Eine Erfahrung, die sich in dieser Intensität nie mehr wiederholte – bewußt nicht: »Ich habe mir selbst nicht mehr erlaubt, noch einmal so weit, bis in diesen Bereich, vorzustoßen. Ich kann das kontrollieren, bevor es zu dieser Situation kommt. Es liegt zuviel Risiko darin.« Besiegte da die Angst – und die Vernunft – den Reiz, oder gab es nicht manchmal doch den Wunsch, so etwas noch einmal zu erleben? »Nur, wenn ich mir sicher wäre, daß ich genauso wieder herauskomme wie damals. Aber das ist etwas, worüber ich mir nicht sicher bin – deshalb weiß ich es nicht so recht, deshalb die bewußte Kontrolle…«

65 Pole-Postions in 161 Grands Prix – dazu gehört noch mehr als der Wille, die Konzentration, die Freude an der Perfektion, das fahrerische Können. Ayrton Senna entwickelte ganz eigene Strategien für diese spezielle »Disziplin« der Formel 1.

Die ewige Klage aller Formel-1-Piloten, »ich bin auf meiner schnellsten Runde aufgehalten worden, ich habe im Verkehr gesteckt« – von Senna hörte man sie fast nie. Kein Zufall – wie kein anderer beobachtete er auf dem Zeitenmonitor, wer von seinen Konkurrenten wann die Box verließ, wer noch wieviele Sätze Reifen haben müßte, wer sich gerade wo befinden müßte. »Das hat er registriert, analysiert – und daraus hochgerechnet, wann er exakt rausfahren muß, um auf möglichst wenig Verkehr zu tref-

Gespräch mit den Ingenieuren – zwischen zwei Versuchen: »Was können wir noch verbessern?«

fen«, sagt sein Renningenieur der ersten McLaren-Jahre, Steve Nichols.
Und er kam auf Kleinigkeiten, die kein anderer bemerkte. 1989 klagten die meisten Fahrer darüber, mit ihren Qualifikationsreifen in den ersten Kurven zu wenig Grip zu haben. Senna hatte das Problem nicht. Er war dahintergekommen, daß bei der Herstellung der Reifen eine Art Schutzschicht auf den Gummi kam – Goodyear verwendete damals Silikon als Trennmittel zwischen Reifen und »Backform«. Also konzentrierte er sich darauf, schon in der Anwärmrunde die Reifen genau so stark zu beanspruchen, daß diese Trennschicht abgehobelt wurde – ohne den Reifen selbst zu beeinträchtigen. Details, minimal, von anderen unbemerkt – er nutzte sie zu seinem Vorteil.
Für Formel-1-Puristen, für Ästheten auf der Suche nach der Kunst der Perfektion, sind Ayrton Sennas Pole-Position-Runden eine wahre Fundgrube unvergeßlicher Eindrücke.
Die »größten« aus 65 Trainingsbestzeiten – sie blieben auch in Sennas eigenem Gedächtnis fest eingebrannt. Die erste natürlich, die von Estoril '85, Monaco '88 eben, dann die Traumrunde von Suzuka '89, Monza '90 war ihm wichtig: »Da bin ich am Samstag vormittag wegen technischer Probleme fast überhaupt nicht gefahren, mußte dann im Qualifying erst mal mein Auto abstimmen. Niemand hat erwartet, daß ich die Ferraris noch schlagen könnte, aber in letzter Sekunde habe ich es geschafft. Das war wirklich ein großer, sehr intensiver Moment: Ich hatte für diese Pole alles gegeben.«

Dann seine 50. – Spanien 1990, von Emotionen nach dem Unfall von Martin Donelly überlagert, Brasilien '91, als er detailierter denn je beschrieb, was eine solche Qualifying-Runde heißt. Und Adelaide '93, im Abschiedsrennen für McLaren, die erste nach eineinhalb Jahren Pause, einer für ihn unendlich langen Zeit, herausgefahren unter erschwerten Bedingungen: »Ich habe die ganze Zeit verzweifelt versucht, die Box zu erreichen, um zu erfahren, ob ich noch genügend Sprit für eine weitere Runde habe. Aber mein Funkknopf hat auf »on« blockiert, auf »sprechen«, und deshalb konnten sie mir keine Antwort geben. Aber das habe ich nicht gemerkt, deshalb habe ich während des Fahrens immer wieder ins Mikro gebrüllt, kann eigentlich gar nicht voll konzentriert gewesen sein.« Trotzdem: eine halbe Sekunde schneller als Prost im Williams…
Die letzten drei, die von 1994, fand er selbst nicht so berauschend, auch nicht die von Aida, die von außen unheimlich gut aussah. Aber das, was so spektakulär erschien, war für ihn nicht das Optimum: »Eine gute Runde, sicher«, sagte er nacher, »aber keine ganz große. Noch ist das Auto nicht so, daß ich damit so fahren kann, wie ich gern wollte und wie ich es könnte…«

»Magic« Senna

Die Suche nach der absoluten Perfektion

Wer ihn schlagen will, muß das Rennfahren neu erfinden!« Ein Zitat von Niki Lauda über Ayrton Senna aus dem Frühsommer 1991 – aber gültig nicht nur damals, nach einer Serie von vier eindrucksvollen Siegen in Serie. »Magic« Senna wurde schon 1985 in Portugal kreiert – nach seinem ersten GP-Sieg, der Regendemonstration von Estoril. Und »Magic« wurde mit der Zeit nur magischer, besser und perfekter...

Die Frage, »Ist Ayrton Senna der beste Rennfahrer aller Zeiten?« wurde so oft gestellt, wie sie wahrscheinlich objektiv unbeantwortet bleiben muß. Schon deshalb, weil für die unterschiedlichen Zeiten die Vergleichsbasis fehlt. Wie soll man einen Fangio, einen Clark, einen Senna über-, neben- oder untereinander stellen?

Was bleibt, bleiben kann, ist die Suche nach der Faszination, die Analyse des Besonderen in »Magic«, dessen, womit er seine Fans und die Experten ein Jahrzehnt lang verzaubert hat.

Die fahrerische Perfektion, die Leichtigkeit, die »Eleganz« im Stil, dieser Anflug überirdischer Genialität: Seine schnellsten – und für ihn selbst

Typisch für Senna: Er überprüft jedes Detail an seinem Auto, jeden Tag, vor jedem Training...

Marlboro
McLAREN INTERNATIONAL
Marlboro
BOSS
HUGO BOSS
TAG
HEUER

Marlboro
HONDA
COURTAULDS
Marlboro
HONDA
1
COURTAULDS

besten – Runden waren nicht spektakulär im normalen Sinne. Nicht querstehend, nicht mit rauchenden Reifen, nicht über irgendwelche Randsteine fliegend, ohne wilde Lenkeinschläge. Sie wirkten kontrolliert, einerseits sogar ruhig – andererseits irgendwie »beschleunigt«, so als würde ein Film ein kleines bißchen zu schnell laufen. Vor allem aus dem Auto selbst, mit der In-board-Kamera aufgezeichnet. Aber auch da war oft zu sehen: Er kam mit ganz spärlichen, präzisen Lenkbewegungen aus, kein wildes Korrigieren…

Heinz-Harald Frentzen beobachtete im Frühjahr 1994 beim Testen in Imola: »Wenn man in der Schikane mal genau zuschaut, dann ist das faszinierend. Ayrton scheint das Auto mit zwei Fingern da durchzubalancieren, die meisten anderen rudern wild herum.«

John Watson dachte schon 1985 in Brands Hatch, als Senna ihn im Qualifying überholte: »Unglaublich, dieser Junge muß sechs Hände und sechs Füße haben. Ich war völlig baff…«

Weniger zu sehen als zu hören: Eine andere Spezialität im Senna-Fahrstil – das ständige Spiel mit dem Gaspedal. Ein ständiges Gasgeben und Gaswegnehmen in höchster Frequenz, ein wahrer Stepptanz auf dem Pedal. Vor allem in langsamen und mittelschnellen Kurven setzte er diese Technik ein, lotete damit die Rutschgrenze des Autos aus, überbrückte die Zeit zwischen Bremsen und Beschleunigen, fühlte früher als die anderen, wann er er wieder voll beschleunigen konnte, auch die Ansprechzeit des Motors verkürzte sich dabei. Resultat: Er kam schneller aus der Kurve. »Gerade in langsamen Ecken habe ich immer die meiste Zeit auf ihn verloren«, sagt Gerhard Berger, »ich habe dann auch mal versucht, diese Technik zu kopieren, aber ich konnte es nicht…« Alain Prost hat es auch versucht – er schaffte es noch weniger. Senna selbst fand nie so etwas Besonderes dabei: »Das habe ich schon immer so gemacht, ich habe mir das zu Hause bei Kart-Fahren in Brasilien angewöhnt, es ist für mich normal.« Kommentar Berger: »Wir anderen haben offenbar nicht ganz seine Feinfühligkeit im rechten Fuß.«

Am Limit – aber nicht wild und spektakulär: Senna hat seinen ganz eigenen Stil.

Elektronische Fahrhilfen wie die Traktionskontrolle nahmen Senna natürlich zumindest teilweise diese Vorteile – kein Wunder, daß er ihnen kritisch gegenüberstand. Genauso wie im Prinzip den halbautomatischen, noch dazu teilweise programmierbaren Getrieben: »Für mich gehört sauberes, präzises, weiches Schalten, genau am richtigen Punkt und so schnell wie möglich, zur Kunst des Rennfahrens eigentlich dazu.« Er akzeptierte, daß die Halbautomatik den Teams auf die Dauer »Kosten spart, weil damit das Überdrehen des Motors und damit Schäden unwahrscheinlicher werden«, aber vom reinen Fahrer-Standpunkt war und blieb er dagegen. »Sie nivellieren die fahrerischen Fähigkeiten.« Senna schaltete im übrigen nie nach Gehör, sondern immer exakt nach Drehzahlmesser, auch im dichten Startgetümmel oder im Verkehrsgewühl beim Überrunden. »Er kann selbst in solchen Situationen immer noch präzise die Instrumente ablesen«, staunte Gerhard Berger mehr als einmal.

Eines der Geheimnisse für seine fast immer optimalen Starts… 1993, auf dem Höhepunkt der Elektronik-Welle, als die meisten Top-Teams bereits vollautomatische Startprogramme hatten, die dem Fahrer nur noch übrigließen, voll aufs Gas zu steigen und zu lenken, verzichtete McLaren darauf. »Ayrton startet besser als jeder Computer«, begründete das Dr. Udo Zucker, der Chef von McLaren-Elektronikpartner TAG. Was die McLaren-Leute damals auch erzählten: Während sich Michael Andretti in allen Situationen meist sklavisch an die vorgegebene Getriebeprogrammierung für einzelne Kurven oder Kurvenkombinationen hielt, nutzte Senna öfters einmal die Möglichkeit, das System zu »überstimmen«, von Hand einzugreifen, wenn er sich davon eine Optimierung versprach: »Und meistens hat es sich dann auch ausgezahlt…«

Zu den reinen fahrtechnischen Fähigkeiten kam die psychische Komponente: »Er kann – auch in techischen Diskussionen – eine extrem hohe Konzentration über sehr lange Zeit halten, viel länger als ich«, bewunderte sein McLaren-Renningenieur 1992 und 1993, Giorgio Ascanelli, öfters, »jeder andere muß schon lokkerlassen, mal abschalten, er kann immer noch weitermachen.«

Eine Fähigkeit, die Senna auch auf der Strecke auszeichnete: Ein gleichmäßiges,sehr hohes Konzentrationsniveau über die komplette geforderte Zeit, ob nun über eine Qualifikationsrunde oder eine ganze Renndistanz. Gerhard Berger bekam in drei gemeinsamen McLaren-Jahren die besten Vergleichsmöglichkeiten: »Wenn ich meine Runden analysiert habe, dann war ich in einer Kurve mal bei 105 Prozent, in der nächsten vieleicht nur bei 90… Er lag immer konstant bei 99 – und das ist im Endeffekt schneller. Er bremst nie zu früh, nie zu spät, steht nie quer…« Die Analyse von vielen seiner 65 Pole-Postions bestätigt das. Senna war nicht immer der Allerschnellste in allen einzelnen Streckenabschnitten – aber in der Addition. Und meistens auch auf dem letzten Streckenabschitt – was zwei Schlüsse zuläßt. Erstens konnte er offenbar seinen Reifenverschleiß so optimal einteilen, daß die Reifen am Ende der Runde immer noch in Ordnung waren, zweitens kommt da wieder die Konzentrationsfähigkeit ins Spiel: Das hohe Niveau halten – bis zum Ende.

Klasse, die sich auch im Rennen zeigte: Unbedingt die schnellste Rennrunde zu fahren, das war nicht seine Spezialität, vor allem nicht in den letzten Jahren. Sehr schnelle, sehr konstante Rundenzeiten über die gesamte Distanz dagegen schon. Und die »Blitzstarts«, mit denen er mehr als einmal seine Konkurrenten schockte: In den ersten drei, vier Runden, gerade bei kritischen Verhältnissen, wenn alle anderen noch dabei waren, sich »einzugewöhnen«, da zeigte er schon mal, wer »Chef« ist…

Das wußten und respektierten die meisten anderen zumindest notgedrungen. Beim Überholen und vor allem beim Überrunden hatte sich Senna im Laufe der Jahre das Image aufgebaut, sehr konsequent und kompromißlos zur Sache zu gehen: »Dadurch habe ich sehr viele Rennen gewonnen, sicher auch einmal das ein oder andere verloren.« Dann, wenn einer der »Hinterbänkler« unerwartet oder ein bißchen langsam reagierte, den heranfliegenden gelben Helm im Rückspiegel nicht zur Kenntnis nahm, plötzlich einen Fehler machte oder ein schon offenes »Loch« wieder zugehen ließ – und Senna dann auch nicht mehr korrigiern konnte. Siehe die Zwischenfälle mit Schlesser in Monza '88 oder mit Nakajima in Brasilien '90. »Aber diese gewisse Aggressivität ist Teil meines Fahrstils, Teil meiner selbst – ist es immer gewesen. So etwas kann man gar nicht grundsätzlich ändern. Und, wie gesagt, ich habe dadurch ja auch sehr viel gewonnen.«

Extrem in seiner Kompromißlosigkeit im Auto – extrem auch in Details. Gewicht sparen überall – ein Lieblingsthema. Auch am Benzin: Wenn er nach Rennende noch fünf Liter im Tank hatte, machte er dem Team gern leise Vorwürfe: »Das hätte man auch knapper und genauer kalkulieren können…« Dasselbe Spiel wie beim Überrunden: Ab und zu ging's schief. Daß er dann 1991 in England und in Deutschland in der letzten Runde zweimal ohne Sprit stehenblieb, in England 1993 dann gleich noch einmal, war sicher primär ein Computerproblem – aber hätte er selbst nicht immer so auf »Minimalismus« gedrängt, hätten die Techniker vielleicht grundsätzlich ein bißchen großzügiger gerechnet. So, daß eine Abweichung um zwei Liter auf der Anzeige keinen Ausfall bedeutet hätte… Aber auf solche Logik ließ er sich nicht gern ein: »Ich will nicht die kleinste Kleinigkeit verschenken. Nicht in meiner Fahrweise – und nirgendwo anders.«

Er überlegte sogar, ob man seinen Helm nicht noch leichter machen könnte. Pierre van Ginneken, der sich zuletzt bei der Helmfirma Bell um seinen Kopfschutz kümmerte: »Er hat Vorschläge gemacht, wo man vielleicht Fünf-Gramm-Teile einsparen könnte. Und zu viele Schichten der dünnen Abreißvisiere wollte er auf keinen Fall haben…«

Er verlangte die Annäherung an die absolute Perfektion, von sich genauso wie von seinen Partnern. Bernard Dudot, Motorenchef bei Renault, erinnert sich noch heute an seine erste Zusammenarbeit mit Senna, bei Lotus-Renault, 1985 und 1986 – und an seine Faszination und Verblüffung von damals: »Er hat mir einmal in Spa eine dreiviertel Stunde lang eine einzige Trainingsrunde beschrieben, mit allen Eindrücken, Empfindungen, aber vor allem auch mit allen technischen Daten, Drehzahlen, Öldruck,

Mit Honda-Motorenchef Osamu Goto entwickelt Senna über die Jahre eine besondere Partnerschaft.

usw. An jeder Stelle, in jeder Kurve, ganz präzise, Kurveneingang, Kurvenmitte, Kurvenausgang… Wir haben das nachher mit den Telemetriewerten verglichen – es hat alles haargenau gestimmt. Unglaublich…«

Über eines war sich Dudot freilich auch im klaren:«So faszinierend es für jeden Ingenieur ist, mit Senna zusammenzuarbeiten, so anstrengend kann es auch sein«, meinte er im Sommer '93, als er vielleicht schon wußte oder zumindest ahnte, daß es wieder eine Partnerschaft Senna – Renault geben würde. »Denn so viel er von sich selbst an Perfektion fordert, so viel fordert er auch von anderen. Und er begnügt sich nicht unbedingt damit, in langen Briefings Anweisungen zu geben, was gemacht werden soll. Im Zweifelsfall stellt er sich dahinter und kontrolliert, ob es auch wirklich gemacht wird.«

Gerade in der Motoren-Entwicklung und -Feinabstimmung, im Gefühl für die kleinsten Details, war er allen anderen voraus. Für Osamu Goto, Honda-Motorenchef in Sennas ersten McLaren-Honda Jahren, war er der ideale Partner: »Mit keinem anderen Fahrer konnten wir so gut zusammenarbeiten, von keinem haben wir so präzise Informationen bekommen, selbst über Dinge, die uns nicht einmal unsere Computer sagen konnten. Keiner hat uns soviel weiter gebracht – und wir hatten ja auch einige andere Top-Fahrer, Piquet, Prost…«

In Estoril 1993 monierte er im freien Training am Freitag Probleme mit dem Motor: »Da ist ein eigenartiges Geräusch.« Die Ingenieure konnten in ihren Telemetrieaufzeichungen absolut nichts finden, es gab einige Diskussionen. Sollte man den Motor wechseln oder nicht? Gerade in der damaligen Situation, in dem sehr angespannten Verhältnis zwischen Senna und Ron Dennis, das sich auch etwas auf zumindest einige Leute im Team übertrug, mit Mika Häkkinen als neuem, schnellen Teamkollegen als Ersatz für Michael Andretti, gab es auch kritische Stimmen. »Ausreden, Starallüren, Leute ärgern« – lief ein bißchen Flüsterpropaganda. Schließlich entschied Ron Dennis selbst: Wir

Die Computerwelt der Formel 1 – für die Fahrer bedeutet sie auch zusätzliche Arbeit.

wechseln. Und es stellte sich heraus: Die Nockenwelle war am kaputtgehen, hätte keine drei Runden mehr gehalten.

»Er muß überall in seinem Körper extra Sensoren haben, mit denen er Dinge spürt, die andere nicht mitbekommen«, sagte schon 1987 Gérard Ducarouge, der damalige Lotus-Konstrukteur. Und er war bereit, diese Extra-Begabung, dieses »Geschenk« auch bis zur letzten Konsequenz umzusetzen, ohne Rücksicht auf die eigene Bequemlichkeit.

»Manche Fahrer haben Talent, aber sie sind faul. Andere sind Arbeitstiere, aber sie haben kein Talent. Bei Senna kommt alles in Perfektion zusammen: Er hat Talent und Fleiß.« Die Zusammenfassung des Erfolgsgeheimnisses durch Gerhard Berger, der noch etwas sagt: »Kaum jemand hat wirklich realisiert, wie hart Ayrton für seinen Erfolg gearbeitet hat, wieviel er gegeben hat. Ich habe es erlebt, ich habe von ihm gelernt, was arbeiten in der Formel 1 bedeutet.«

Die endlosen Datenmengen, die die High-Tech-Formel 1 der letzten Jahre produzierte – keiner konnte sich so lange in den Papierwust von Computerausdrucken verbeißen, jedes Detail analysieren, für sich selbst auswerten, in seinem Kopf speichern, auf Abruf für die Zukunft bereit halten. Alles dem einen, einzigen Ziel untergeordnet: Der Beste zu sein, die Nummer 1 zu sein – möglichst immer und überall. »Jedes freie Training, jedes Warm-up – es war egal, ob wirklich wichtig oder nicht – er war nur wirklich zufrieden, wenn er vorne war«, erinnert sich McLaren-Teammanager Jo Ramirez. »Er brauchte das. Und in den Qualifyings, da war er manchmal schon nach dem ersten Versuch so überlegen vorne, daß ihn eigentlich niemand mehr abfangen konnte. Wir wollten ihn dann gar kein zweitesmal mehr rausschicken, weil wir es für überflüssig hielten. Aber er bestand darauf, noch einmal zu fahren. Nur für sich selbst, um sich noch einmal verbessern zu können.«

Zweiter zu sein – das war für ihn schon eine Niederlage: »Der Zweite ist der erste der Verlierer.« Nur ganz selten konnte er zweite Plätze akzeptieren – und auch erst in den letzten Jahren: »In Monza '91«, sagt Ramirez, »da konnte er einmal mit einem zweiten Platz glücklich sein. Weil er begriffen hatte, daß es entscheiden-

Senna und sein Betreuer Josef Leberer – sie sind über Jahre sehr enge Freunde...

de Punkte für die WM waren« – die Erkenntnis, daß man WM-Titel nicht nur mit Siegen gewinnt, war gerade im zweiten Halbjahr '91 gereift. Aber lieber sah er es trotzdem anders herum: »Wenn man genügend gewinnt, dann kommen die WM-Titel von ganz allein.«

Der hohe Anspruch an sich selbst, er basierte auf dem Wissen um die eigene Stärke, um das eigene Können, auf einem unglaublich starken, unbeirrbaren Selbstvertrauen, das ihn dann noch stärker machte. Und auf dem Wissen um die eigene Willenskraft, um die Fähigkeit, in Extremsituationen noch ein bißchen mehr aus sich selbst, nicht nur aus seinem Körper, herausholen zu können – vor allem für einen Sieg. »Wo er diese Kraft manchmal hergenommen hat, welche Reserven er mobilisieren konnte, dieser unglaubliche Wille, der hat mich an ihm so fasziniert«, sagt Josef Leberer, »er schien keine Grenzen zu haben...«

»Jeder Mensch hat andere Limits, meine liegen vielleicht ein bißchen höher« – ein Satz aus Brasilien 1991. Von manchen kritisiert, aber wahrscheinlich sehr nahe an der Realität. Botschaft aus einer Welt, in die keiner ihm wirklich folgen konnte und die sich damit auch einer letzten Beurteilung entzieht.

Ayrton Senna – der beste Rennfahrer aller Zeiten? Er fühlte selbst, im letzten Jahr, in den letzten Monaten, besser denn je zu sein... »Ich habe meine Grundschnelligkeit, meinen Stil, behalten, aber an Erfahrung gewonnen, aus Fehlern gelernt...« Er durfte nicht mehr alles zeigen, was er noch hätte zeigen können. Er konnte die Rekorde nicht mehr brechen, die in seiner Reichweite gelegen hätten. »Der kleine Prinz ist zu den Sternen zurückgekehrt, bevor er alles erobert hat«, schrieb Anne Giuntini im L'Équipe Magazine... Aber auch die Statistiken wären sowieso nur relativ, gäben am Ende kein objektives Bild.

Lassen wir die Suche nach einer Antwort, die immer nur akademisch und am Ende angreifbar sein kann. Bleiben wir bei den Momenten, die »Magic« Senna zehn Jahre lang in der Formel 1 aus all den Facetten seines Talents, seines Könnens und seiner Persönlichkeit gezaubert hat. Sie waren viel zu schön, um ihnen durch zuviele theoretische Diskussionen ihre ewige Magie zu nehmen...

»Die Angst ist Selbstschutz«

Konfrontation mit dem Risiko

War es eine Ahnung oder nur Zufall? Zwei Wochen vor Imola, am Sonntag abend des Pazifik-GP in Aida, setzte sich Ayrton Senna ziemlich ausführlich mit mit den Gefahren der Formel 1 auseinander. Freilich ging es ihm dabei weniger um die Sicherheit der Strecken oder der Autos, sondern um das, was einige seiner Kollegen im Laufe der Zeit so auf der Strecke aufführten.

Natürlich war er verärgert darüber, daß ihn Mika Häkkinen am Start von hinten abgeschossen hatte. In der Formel 1 gebe es im Moment zu viele junge Fahrer, »die bedenkenlos einfach zu große Risiken eingehen«, beschwerte er sich gleich nach dem Unfall bei den Sportkommissaren, dann auch in allen Interviews. Es gehe ihm nicht nur darum, daß er jetzt durch eine solche Aktion um seine Chancen in diesem einen Rennen gebracht worden sei, »es geht mir auch darum, daß sich die gefährlichen Unfälle häufen – und daß wir keine Garantie haben, dabei immer wieder alle unverletzt davonzukommen.«

Er habe letztes Jahr in Japan schon

»drei oder vier potentielle Unfälle« gesehen, in der Überrundungsaffäre mit Eddie Irvine, »dann hatten wir diesen bösen Crash in Brasilien, bei dem nur mit sehr viel Glück niemandem etwas Ernstes passiert ist, und jetzt das hier… Ich muß sagen, als Larini – der ja absolut nichts dafür konnte – auf mich zuflog, war mir nicht wohl. Wenn er mein Auto an einer etwas anderen Stelle getroffen hätte…«

Er redete verhältnismäßig lange darüber, betonte, daß er keine Strafe für Häkkinen wolle, »aber solche Dinge müssen registriert werden, man muß den jungen Fahrern klarmachen, daß es Konsequenzen gibt, wenn sich so etwas wiederholt. Das ist der einzige Weg, sie dazu zu bringen, ihren Kopf zu benutzen.«

Senna bestritt dabei nicht, daß gerade er früher in seinen Anfangsjahren auch solche Fehler gemacht habe, »die vielleicht zu kritischen Momenten geführt haben. Aber es geht darum, daß jetzt mal wieder Grenzen gesetzt werden, damit die Risiken nicht überhand nehmen.«

Gereift, mit sehr viel Erfahrung, war es ihm gerade in den letzten Jahren immer ein Anliegen, die Gefahren zu verringern, obwohl er dem Risiko auch eine gewisse ganz eigene Attraktivität zugestand: »Als Rennfahrer sind wir es gewöhnt, mit der Gefahr zu leben. Und je größer die Gefahr, desto größer die Leidenschaft. Und die Fans, die diesen Sport mögen, sind sich dieses Risikos auch durchaus bewußt, des Risikos und der Herausforderung. In gewisser Weise teilen sie unsere Gefühle und Ängste. Ich glaube, dadurch können sie Dinge erfahren und erleben, die

»Was ist passiert?« Senna im Gespräch mit Formel-1-Arzt Dr. Sid Watkins, nach dem Unfall von Martin Donnelly, in Jerez 1990.

ihnen ihr wirkliches Leben nie bieten würde.«

Zum Risiko gehört auch Angst – für ihn war sie nie ein Fremdwort: »Die Angst ist Selbstschutz, sie verhindert, daß man zu weit geht, wenn man sich am Limit bewegt. Ich habe genug Angst.«

Sehr deutlich setzte er sich damit nach dem Unfall von Martin Donnelly 1990 in Jerez auseinander. Wie sehr ihn dieser Crash berührt hatte, war ihm an jenem Wochenende lange anzumerken. »Ich bin an der Unfallstelle gewesen, und es war sehr schwer für mich, damit fertigzuwerden. So etwas zeigt einem doch sehr deutlich die eigene Verletzbarkeit.«

Warum er überhaupt hinausgegangen war, sich direkt mit der brutalen Realität auseinandergesetzt hatte? Keine leichte Frage, und die Augen schimmerten bei der Antwort, auch noch Monate später: »Ich bin für mich selbst gegangen«, sagte er damals. »So etwas kann jedem von uns passieren. Ich hatte nichts gesehen, wußte nicht, wie schlimm es wirklich war. Ich wußte, daß es schlimm sein mußte. Ich hörte nur die Leute alles Mögliche daherreden, merkte, wie viele am Durchdrehen waren. Ich wollte dahin gehen und für mich selbst die Wahrheit sehen. Das ist für mich der beste Weg: nicht nur auf andere zu hören. Ich konnte in diesem Moment nichts tun, aber ich dachte, wenn ich dort bin, an der Unfallstelle, vielleicht könnte ich dann etwas tun. Man weiß ja nie...«

Er verkroch sich damals eine dreiviertel Stunde lang allein im Motorhome, versuchte, mit sich selbst ins reine zu kommen. »Ich wollte eigentlich erst nicht mehr weiterfahren.« Dann stieg er doch wieder ein, als die letzten acht Minuten des unterbrochenen Trainings nachgeholt wurden – und fuhr Bestzeit, eine Sekunde schneller als zuvor.

»Ich wußte vorher nicht, wie schnell ich sein würde – oder wie langsam.« Als er an die Box zurückkam, zitterte er, konnte die Tränen nicht mehr zurückhalten: »Aber als Rennfahrer mußt du manchmal sehr hart zu dir selbst sein.«

»Die Gedanken und Gefühle, die ich hatte, als ich da wieder ins Auto stieg, werde ich wohl nie beschreiben können«, meinte er einen Tag später, am Samstag, nachdem er die 50. Pole Position seiner Karriere herausgefahren hatte, immer noch von Emotionen geschüttelt, mit den Tränen kämpfend.

Was kaum einer wußte: Noch an der Strecke war er bei Donnelly im Medical Centre gewesen, Freitag abend war er die 100 Kilometer nach Sevilla gefahren, hatte ihn dort im Krankenhaus besucht – und Donnelly, mit schweren Kopfverletzungen und Brüchen, unter stärksten Medikamenten stehend, hatte ihn kurz erkannt.

Ein Jahr später erlebt er in Hockenheim selbst einen Alptraum. Der dritte Unfall einer bösen Serie innerhalb von ein paar Wochen. Zuerst der »Freizeit-Crash« beim Jet-Ski-Fahren in Brasilien, ein Sturz und ein Freund, der ihn dabei mit seinem Jet-Ski beinahe überfährt, ihn noch am Kopf erwischt. Ergebnis: eine böse Platzwunde, die mit zehn Stichen genäht werden muß. Eine Woche später in

Ein Wunder, daß da jemand lebend herauskam: Donnellys Unfall mit dem Lotus, Jerez 1990.

Mexiko der Überschlag in der Peralta-Kurve, bei Tempo 270, spektakulär, aber ohne Folgen. »Ich mußte doch meinen Adrenalin-Haushalt testen«, flachst er seinen besorgten Betreuer Josef Leberer später an.

Und dann eben Hockenheim, Mitte Juli an einem Freitagabend, kurz vor halb sechs, kurz vor Ende der offiziellen Testfahrten zum deutschen Grand Prix. »Es war der schlimmste Unfall in meiner ganzen Karriere«, pflegte er später zu sagen, »eine ganz starke Erinnerung. Ich weiß noch jede Einzelheit von damals, erinnere mich an jede Zehntelsekunde. Ich kam mit etwa 320 auf die erste Schikane zu, als ich plötzlich einen Reifenschaden hatte. Ich erinnere mich, daß ich versuchte, das Auto noch querzustellen. Bei einem Frontalaufprall auf die Reifenstapel, die damals noch in der Schikane standen, hätte ich keine Chance gehabt. Aber sobald ich die Randsteine berührte, stieg das Auto auf und überschlug sich mehrfach.«

Momente und Erinnerungen: ein Gespräch in Australien 1992, eineinhalb Jahre später. Noch immer hat er Mühe, beim Erzählen die Emotionen zu unterdrücken, geht der Blick ein paarmal ins Leere, versucht er sichtlich, ruhig und beherrscht zu wirken: »Ich war mindestens fünf Meter hoch in der Luft, so hoch wie diese Palme da drüben. Und ich habe auch registriert, wie dann mein Helm mehrfach auf dem Asphalt aufgeschlagen ist. Ich weiß noch genau, was ich gedacht und gefühlt habe: Ich war mir sicher, ich würde da nicht rauskommen. Ich habe immer auf den letzten Schlag gewartet.« Die knallharte Angst zu sterben, sie war da, auch wenn er versucht, das Wort zu umgehen. Und die sichere Erkenntnis: »Ich weiß, daß ich damals sehr viel Glück gehabt habe ... Aber solche Dinge passieren, das ist Teil unseres Berufes. Es gibt ein Risiko, das man

Die Emotionen wirken lange nach – an diesem Wochenende in Spanien...

kalkulieren kann, und eines, das außerhalb unserer Kontrolle liegt. Und das war das, was da passiert ist. Diese Stelle in Hockenheim – wenn man da einen schleichenden Plattfuß hat, sollte man es besser sofort merken und anhalten. Denn wenn der Reifen alle Luft verliert und endgültig kaputtgeht, endet das fast zwangsläufig in einem schweren Unfall. Zweimal ist es mir dort schon passiert, daß ein Reifen wegen eines schleichenden Plattfußes Luft verliert und dann durch die hohe Geschwindigkeit endgültig auseinanderfliegt: das erstemal 1984 im Toleman...«

Für ihn war die logische Konsequenz, so engagiert wie möglich um die Sicherheit der Strecke zu kämpfen. Senna setzte sich während dieses Rennwochenendes 1991 mehrfach dafür ein, »die Reifenstapel aus den Schikanen wegzunehmen, was für uns alle sehr wichtig war. Es gab anfangs einen gewissen Widerstand dagegen, aber am Ende konnten wir die Verantwortlichen davon überzeugen, daß das unbedingt nötig ist, und es hat sich ja als gute Entscheidung erwiesen. Auch die Randsteine wurden an einigen Stellen geändert, abgeflacht, so daß die Autos nicht mehr so in die Luft geschleudert werden können, am Streckenbelag hat man einiges getan, dann hat man die Auslaufzonen vergrößert.«

Mexico 91: Folgen eines Jet-Ski-Sturzes...

Sein Engagement in Sachen Sicherheit – nicht immer hat er es hunderprozentig durchgehalten. In Australien 1991, als das Rennen im Regen ertrank, gab er nachher zu: »Es war ein Fehler, daß wir überhaupt gestartet sind.« Den Versuch, etwa einen Fahrerstreik durchzusetzen, konsequent zu sagen, daß zumindest er selbst nicht starten werde, hat er nicht gemacht – vor allem nicht deshalb, weil es für McLaren damals noch um den Gewinn der Konstrukteurs-WM ging. Glücklich war er danach selbst nicht, versuchte Erklärungen, Entschuldigungen für sein Verhalten zu finden. Auf die Frage, ob denn wirklich immer erst etwas passieren müsse, bevor die Fahrer einmal wirklich handeln würden, kam nur ein ziemlich hilfloses »Ich weiß, ich weiß, aber glaubt mir, ich konnte nicht anders handeln« – nicht hundertprozentig überzeugend, weil er selbst nicht hundertprozentig überzeugt war.

Alain Prost hat ihm gern vorgeworfen, er würde sich um Risiken nicht scheren, denn durch seinen Glauben an Gott halte er sich für unverwundbar – eine Äußerung, die Senna persönlich tief getroffen hat, »weil so etwas absoluter Unsinn ist. Zwischen dem Glauben und der Angst, sich zu verletzen oder zu sterben, ist ein großer Unterschied. Das Leben ist etwas, das Gott uns gibt, aber in den meisten Fällen hängt es von uns ab, unseren Verstand zu benutzen, um Gott zu zeigen, daß wir verstehen, daß Leben und Gesundheit ein großes Geschenk von ihm sind. Es ist unsere Verantwortung, ein solch wichtiges Geschenk zu bewahren.«

Bei den meisten seiner Unfälle kam er unversehrt davon, aber in Mexiko 1992 tat er sich zum erstenmal in einem Rennauto richtig weh: Am Freitag, im Zeittraining, bricht der McLaren auf einer der vielen Bodenwellen plötzlich aus, der folgende Abflug endet an einer Mauer, vorn bohrt sich die Aufhängung ins Cockpit, verletzt Senna an den Beinen, vor allem am linken. »Ich hatte solche Schmerzen, ich dachte, meine Beine sind gebrochen«, erzählt er später. Die Fernsehbilder zeigen seine Angst, seine Verzweiflung, seinen Schmerz: Wie er sich mit den Händen in Panik auf den Helm schlägt, dann sein schmerzverzerrtes Gesicht, als ihm die Helfer den Helm abgenommen haben, ihm eine Nackenstütze umlegen, versuchen, ihn aus dem Auto zu befreien. Minutenlang hängt er so im Cockpit, bekommt Sauerstoff.

Hinter den Boxen weint sein Renningenieur Giorgio Ascanelli, die Angst ist greifbar, überall. Um so größer die Erleichterung, als die ersten Meldungen kommen. Keine Wirbelverletzungen, keine Brüche, »nur Prellungen und Quetschungen« an den Beinen. Es ist der 20. März, der Tag vor seinem 32. Geburtstag. Josef Leberer beruhigt dann die ängstlichen Frager: »Okay, er wird morgen sicher nicht fahren können, aber grundsätzlich ist es kein so großes Problem.«

Und dann schafft er zusammen mit Senna doch das Wunder von Mexiko. Auch Ayrton hatte am Freitag keine Chance gesehen, an diesem Wochenende noch einmal ins Auto steigen zu können. »Vor allem am linken Bein waren die Schmerzen extrem, ich konnte es nicht bewegen, nicht auftreten.« Trotzdem versucht man alles, »wirklich alles, was man machen kann, stundenlang, schon Freitag abend: Lymphdrainage, Akupunktur, Akupressur, Massagen, verschiedene Salben, dann immer wieder Eisbehandlungen.«

Nachts um zwölf hat Josef zum erstenmal die Hoffnung, »daß es vieleicht doch klappen könnte, daß er vielleicht doch fahren kann. Aber wir haben dann trotzdem beide erst einmal drei Stunden geschlafen, bevor wir weitergemacht haben.«

Schon nach diesen drei Stunden Schlaf, wundert sich Senna später, »ging es mir viel besser, ich habe mich auch ausgeruht gefühlt, als ob ich 24 Stunden geschlafen hätte.«

»Kann gar nicht sein«, grinst Josef da nur, »später, am ganz frühen Morgen, als ich ihn nochmal gute zwei Stunden behandelt habe, ist er doch dabei ständig wieder eingeschlafen.«

Das besondere Verhältnis, das sich zwischen den beiden im Laufe der Jahre aufgebaut hat, das absolute Vertrauen, in dieser Nacht ist es besonders wichtig. Samstag früh, kurz vor acht, entscheidet sich Senna endgültig, es auf jeden Fall zu probieren. »Er hat in solchen Situationen einen unglaublichen Willen«, erzählt Josef bewundernd, als die beiden kurz vor zehn an die Strecke kommen. Aber er ist auch selbst ein wenig stolz: »Ich kann unheimlich gut mit ihm arbeiten – und es ist doch schön, wenn man so etwas gemeinsam schafft.«

Senna humpelt noch, hat beim Gehen, vor allem beim Einsteigen ins Auto, sichtlich Schmerzen. Aber was ihn in der Situation besonders stört, sind die vielen Kameras, die ihn gnadenlos verfolgen. Er haßt es, wenn ihn alle leiden sehen, wenn ihm auch in Momenten, in denen er Schwächen zeigen muß, keine Privatsphäre bleibt.

Am Vormittag fährt er nur ein paar Runden, »um zu sehen, ob es überhaupt geht«. Am Nachmittag stellt er den McLaren auf den sechsten Startplatz – immer noch unter Schmerzen, wie er zugibt: »Die Vibrationen sind ziemlich schlimm. Ich habe mich an meinem Geburtstag schon mal besser gefühlt.« Schnell wird er wieder sehr ernst: »Wenn es nur nach mir allein gegangen wäre, dann wäre ich heute nicht gefahren. Erstens, weil ich eben noch Schmerzen habe, und zweitens, weil ich mich auf dieser Strecke einfach nicht sicher fühle.« Er ist hörbar wütend, als er weiterredet: »Sie ist so unglaublich buckelig, schlimmer als jeder Stadtkurs. Die Autos sind mehr in der Luft als auf dem Boden. Jahr für Jahr kommen wir hierher, jedes Jahr erzählt man uns, es würde besser, man würde neu asphaltieren, aber es wird immer schlimmer. Jedes Jahr passieren wieder Unfälle. Aber hier muß sich wohl erst einmal jemand wirklich schwer verletzen oder gar sterben, ehe sich etwas ändert.«

Aber er ist eben auch wieder gefahren... Da ist er wieder, der Kompromiß: das Wissen, daß etwas nicht in Ordnung ist, und trotzdem weitermachen. Warum?

»Ich bin Profi, ich habe eben auch Verantwortung dem Team gegenüber, den Mechanikern, die mir bis drei Uhr früh ein neues Auto aufgebaut haben, den Sponsoren, den Zuschauern – und deshalb habe ich es eben unbedingt schaffen wollen. Wenn es meine persönliche Entscheidung gewesen wäre, wäre ich nicht gefahren, für kein Geld der Welt. Nichts ist es eigentlich wert, dieses Risiko einzugehen. Jeder ist hier überall absolut an der Grenze, und es ist nur eine Frage des Glücks, was passiert, wenn du abfliegst, ob die Mauern weit genug weg sind oder nicht, zum Beispiel. Und das ist eigentlich nicht akzeptabel.«

Er wußte auch in Imola, daß die Strecke nicht optimal abgesichert war, daß einiges zu verbessern gewesen wäre. Am Freitag nachmittag hat er es noch erwähnt...

Mexico 92: Das Auto sieht gar nicht so schlimm aus – aber Senna hat sich wehgetan.

»Gott gibt mir die Kraft«

Die schwierige Verbindung zwischen Spitzensport und Religion

»Gott bedeutet für mich alles. Er ist meine Unterstützung, wo auch immer in der Welt ich gerade bin. Er ist der Unterschied zwischen einem Familienmitglied und einem Freund. Der Glaube an Gott, in jeder Situation, an jedem Ort, ist von essentieller Bedeutung. Wenn du wirklich glaubst, dann bleibt dieser Glaube immer bei dir.«

Ayrton Senna und sein tiefer Glaube, die Quelle, aus der er sehr viel seiner Kraft schöpfte, für ihn Lebensinhalt – für die Umwelt oft nur Quelle von Irritation und Mißverständnissen.

Die Religion und speziell Sennas Neigung, dem Ganzen einen etwas metaphysischen, geheimnisvollen Touch zu geben, all das paßte nicht in die klare, logische, technisierte Welt der Formel 1, auch nicht in die sehr oft ähnlich strukturierte Welt der Formel-1-Beobachter. Er selbst, der sich durchaus als einen sehr logischen Menschen betrachtete, brachte für sich persönlich die beiden Bereiche durchaus zusammen: »Es gibt einen Bereich, auf den man Logik anwenden kann, und einen, wo das nicht funktioniert. Unabhängig davon, wie weit man auf seinem Weg der Erfahrungen, des Verstehens, vorangekommen ist – es gibt einfach Dinge, die man mit Logik nicht erfassen kann. Und dann muß man warten, Geduld haben, daran glauben, daß es einen bestimmten Tag, einen bestimmten Moment geben wird, in dem man, auf einem anderen Level, mehr erfahren wird. Okay, der Himmel ist blau, das ist grün, etwas anderes ist schwarz – so funktionieren wir doch. Wir tendieren dazu, nur das verstehen zu können und zu wollen, was wir sehen, riechen oder fühlen können. Und wenn etwas außerhalb davon liegt, dann halten wir es für verrückt, für Unsinn.«

Er habe aber selbst Erfahrungen gemacht, wo dieses »Unverständliche, Unsichtbare« für ihn plötzlich wahrnehmbar, quasi berührbar geworden sei. »Es war eine phantastische Chance, diese Macht erfahren, spüren zu dürfen.«

Da waren Visionen, zum Beispiel in Monaco 1988, vor allem auch in Suzuka '88, in den letzten Kurven, beim Gewinn des ersten WM-Titels. »Ich dankte Gott für diesen Sieg, für dieses große Geschenk, dann sah ich vor mir ein riesiges Bild von Jesus. Es war unglaublich! Ich fuhr eigentlich noch voll konzentriert, mit allem was ich hatte – und trotzdem war da plötzlich diese Vision.«

In Monaco 1990, im Warm-up, »konnte ich mich plötzlich von außen im Auto sitzen sehen. Um das Auto und um meinen Körper herum war eine weiße Linie – wie eine Welle. Ich habe Stärke und Schutz darin gesehen.«

Er suchte die Antworten auf seine Lebensfragen in der Bibel, suchte auch Hilfe, »und ich schlug immer genau die Seiten auf, die von Mut, Entschlossenheit und Stärke sprachen.«

Wie aber fand er überhaupt auf die-

NACIONAL

sen Weg, zu diesen Erfahrungen? »Das Wichtigste ist, es überhaupt zu wollen. Das ist der Schlüssel. Das Leben ist nicht einfach. Einfache Dinge kann jeder erfahren. Die schwierigen erreichen nicht alle. Das ist es, was die Menschen unterscheidet. Manchmal mußt du deine Hand ausstrecken und deine Chance ergreifen.«
Er fühlte jedoch, daß auch er selbst noch nicht allzu weit auf diesem Weg fortgeschritten war: »Mit meinen Erfahrungen bin ich noch ganz am Anfang. Quasi wie ein Baby. Ich kenne Leute, die schon viel weiter sind. Sie haben genauso begonnen wie ich. Der Anfang ist für alle gleich. Aber dann mußt du weitergehen. Manchmal bremst dich etwas. Dann mußt du wieder etwas mehr Kraft hineinlegen, weitermachen. Es ist nicht einfach.«
Worte aus dem Sommer 1993 – nach einer längeren Zeit, in der er nicht mehr so häufig über dieses Thema geredet hatte. Es gab eine Phase, vor allem 1990, auch noch Anfang 1991, da sprach er relativ oft über seinen Glauben, die Bedeutung, die Gott für ihn hatte, und er bezahlte für diese Offenheit oft mit Spott, Verständnislosigkeit und ironischen Bemerkungen von allen Seiten. Das tat weh, »aber es ist etwas, das zur Realität meines Lebens gehört. Ich glaube, daß es sich trotzdem lohnt, so offen zu sein: für die, die verstehen wollen, positiv an das herangehen, was ich sage. Sicher verwenden manche Leute meine Worte auch anders, sogar um mich bewußt zu verletzen. Das ist der Preis, den ich bezahle, aber ich glaube, daß der Preis, den diese Leute letztlich für sich selbst bezahlen, sogar höher ist. Sie wissen es nur noch nicht. Es ist schwierig, manchmal unangenehm, über so persönliche Dinge zu sprechen. Es ist auch nicht immer und überall der richtige Platz, um über Gott zu sprechen. Es ist sehr kritisch, aber ich versuche das, was ich fühle, was ich erfahre, an einige Leute weiterzugeben in der Hoffnung, daß sie es verstehen und schätzen. Ob ich recht habe oder nicht, darüber kann sich jeder selbst ein Bild machen, aber man sollte es zumindest respektieren.«
Er wollte auch anderen die Chance geben, den Weg zum Glauben zu finden, den Weg, der ihm selbst viel Sicherheit, Vertrauen und auch »inneren Frieden« gegeben hatte.
»Es ist wirklich schwierig, darüber zu reden, wenn man in der Öffentlichkeit steht. Man braucht den ehrlichen Wunsch, solche Dinge mit Menschen zu teilen, die vielleicht danach suchen und sie noch nicht gefunden haben. Es ist nicht meine Pflicht, meine Aufgabe – das ist Blödsinn. Ich tue in diesem speziellen Fall einfach was ich fühle. Es kommt aus meinem Herzen. Ich weiß vorher, daß es Leute geben wird, die das ins Lächerliche ziehen werden – sie sind zu nichts anderem hier. Aber für mich sind sie eine Minderheit und nicht wert, darüber nachzudenken. Ich weiß, daß solche Dinge geschehen, es tut mir unheimlich weh, wenn dann irgendein Blödsinn herauskommt, den ich nie gesagt habe, zum Beispiel, ich würde mich durch meinen Glauben unschlagbar oder gar unsterblich fühlen. Gott gibt mir die Kraft, das habe ich gesagt. Aber die anderen, die richtig zuhören, sind wichtiger. Vielleicht kann das, was ich sage, für sie eine Kette schließen, in ihren Emotionen, in ihrem Leben.«
Ab und zu versuchte er, das eine oder andere Mißverständnis wieder auszuräumen. Man wußte, daß er auch vor jedem Start regelmäßig betete, »aber ich bete nicht um Siege, nicht um Erfolge. Ich bitte Gott, mir die Kraft zu geben, das Richtige zu tun und es so gut wie möglich zu tun.«
Senna versuchte offenbar, auch die Konflikte, in die er immer wieder geriet, über seine religiöse Philosophie zu erklären, sie für sich selbst begreiflich zu machen: »In der Welt, in der wir leben, existiert Gerechtigkeit nur durch Gottes Willen. Die menschliche Natur ist von sich aus zerstörerisch, negativ und neidisch. Das ist die Rolle, die der Teufel in der Welt spielt: Menschen zu Raub, Verbrechen und Zerstörung anzustiften.«
Aber zu große Macht durfte das Negative dann doch nicht bekommen – für ihn stand es am Ende doch unter Kontrolle: »Der Teufel ist der wahre Fürst dieser Welt, aber alles, was geschieht, ist zuvor von unserem König so bestimmt und eingerichtet worden. Es ist manchmal wirklich sehr schwer für uns, die Wege zu verstehen, die Er gewählt hat. Mit unserem begrenzten Wissen sehen viele Dinge für uns gut und richtig aus – aber sie sind es nicht. Andere sehen schlecht und falsch aus, sind es aber auch nicht. Alles hat einen Grund, und nur Gott kennt die Harmonie des Universums. Seinen Willen, Seine Gründe, Seine Motivation – das alles versteht nur Er. Deshalb ist es mein größter Wunsch, ein bißchen besser zu verstehen, wie Er uns Leben gegeben hat: den Himmel, den Mond, die Erde, die Sonne, die Tiere, die Menschen, das ganze riesige Universum da draußen, den unbekannten Raum, den wir noch völlig ignorieren.«
Eine Erinnerung, die bleibt: ein langer Blick von ihm in den nächtlichen tropischen Sternenhimmel über Australien, aus einer eigentlich sehr lockeren Stimmung heraus, die plötzlich nachdenklich wurde. »Es ist doch ein echtes Wunder, wie das alles immer funktioniert, der Mond, die Sterne, immer sind sie pünktlich und berechenbar, nie haben sie Probleme – ich finde das faszinierend…«

»Ich möchte mich von außen sehen«

Lebensphilosophien eines Weltstars

Wenn Alain Prost der Professor der Formel 1 ist, dann ist Ayrton Senna ihr Philosoph.« So hat der kanadische Journalist Gerald Donaldson die beiden unterschiedlichen Charaktere einmal beschrieben. Senna zuzuhören, wenn er in der Stimmung war, über mehr als über sein Auto zu reden, war genauso faszinierend, wie seine größten Siege und seine schnellsten Pole-Position-Runden zu sehen. Und er tat es oft – im Laufe der letzten Jahre immer öfter.

Gern sprach er über seine Emotionen: »Was wäre das Leben ohne Gefühle«, hat er oft gesagt. Er stand zu seiner Emotionalität, und er versuchte, auch andere daran teilhaben zu lassen: »Es gibt einfach Emotionen, die können nur wir Fahrer empfinden. In unserem Beruf gibt es die Autos, die Teamchefs, das ganze Umfeld, aber das Interesse konzentriert sich doch auf uns, die Fahrer. Es ist eine sehr schöne, sehr exponierte Stellung, aber auch eine sehr belastende, stressige. Ob gewinnen, verlieren, mit einer Geschwindigkeit durch eine Kurve fahren, die man ein paar Sekunden vorher nicht für möglich gehalten hätte, einen Fehler machen, Glück, Freude, Ärger, Streß, Enthusiasmus, Schmerz – nur wir können diese Gefühle und ihre Intensität empfinden, niemand anders. Wir haben in unserem Beruf viel mit dem »Ego« zu tun. Es geht um Gefahr, um unsere Gesundheit, und zwar Sekunde für Sekunde und nicht Tag für Tag, Monat für Monat oder Jahr für Jahr. Unser Leben spielt sich in Sekunden ab, sogar in Tausendstelsekunden. Das ist eine einzigartige Erfahrung und Position.« So einzigartig, daß er glaubte, trotz aller Bemühungen nicht alles mitteilen zu können: »So sehr ich das versuche, es kann dem, was ich wirklich fühle, nicht nahekommen. Man kann es nicht reproduzieren, in Worte fassen. In gewisser Weise ist es sogar wie eine Droge. Denn in all diesen Gefühlen ist etwas so Starkes, Intensives, daß es Teile und Systeme unseres Gehirns und unseres Körpers berührt, die sonst nie berührt werden. Und wenn es passiert, dann ist der Effekt so einzigartig, daß man später immer wieder danach sucht.«

Er wußte um die Intensität des Lebens, das er führte: »Ein Umstand, der unser Leben als Rennfahrer prägt, ist, daß wir sehr viel in sehr kurzer Zeit tun. Wir leben also sehr intensiv. Und wenn man sehr intensiv lebt, dann geschehen alle Dinge sehr schnell. Die Schwierigkeit ist, dann alles immer richtig zu machen, gut, positiv. Denn wenn so viele Dinge so schnell passieren, ist es sehr leicht möglich, daß man unter all dem Druck Fehler macht. Das ist die große Herausforderung: Trotzdem immer gut, positiv, konstruktiv zu sein. Es gelingt nicht immer, aber es ist das Ziel: immer das Bestmögliche zu tun, zu jeder Zeit zu fühlen, daß man das Maximum gibt. Denn man ist nur dann im Frieden mit

sich selbst, wenn man alles getan hat, was man konnte.«

Für ihn war es ein ganz wichtiges Ziel und die größte Motivation: die Suche nach der Perfektion. »Ich glaube, jeder versucht sein Bestes zu geben – in jedem Beruf, im Leben. Sicher sind wir alle verschieden und handeln deshalb auch auf verschiedene Weise. Es gibt keine zwei gleichen Menschen auf der Welt. In einer so leistungsorientierten Umgebung wie der Formel 1 zählen Einsatz und Engagement extrem viel. Diesen Willen zum totalen Einsatz, diese Hingabe, das hat man, oder man hat es nicht. Gewiß, manche haben diesen Willen nahezu hundertprozentig, andere vielleicht nur neunzig- oder achtzigprozentig. Das ist eine Frage des Charakters, der Persönlichkeit, der Ziele, des Wunsches, etwas zu erreichen, des Glaubens an das, was man tut, des Willens, die eigenen Erwartungen und Träume zu erfüllen. Das ist nicht nur von Mensch zu Mensch verschieden, sondern auch von Tag zu Tag.«

In der Perfektion suchte und fand Senna Harmonie und seine eigene Art von Frieden: »In den Sekunden vor dem Start, wenn der Motor angelassen wird, dann lasse ich mich selbst los, lasse mich irgendwie fallen. Alles bewußte Denken hört auf, alles fließt ganz natürlich wie von selbst ineinander. Es gibt einen Rhythmus, so etwas wie eine perfekte Melodie. Nicht immer, aber es gibt die ewige Suche danach. Wenn ich sie finde, dann fahre ich in einer anderen Dimension. Kontrolliert, aber völlig losgelassen, gesteuert nur noch von meinen ureigenen, ja, ich würde fast sagen, von meinen Urinstinkten. Ich bin da, in der Gegenwart, aber ich bin auch zugleich mir und der Zeit voraus. Ich erahne und erspüre vieles mehr, als daß ich es kalkuliere. Leider sind es nur seltene, aber wunderbare Momente.«

Er war bereit, für den Erfolg wirklich das Allerletzte von sich zu geben. Im Sommer '91, als er mit McLaren in ein Tief geriet, die WM-Chancen zu schwinden schienen, gestand er mir einmal: »Ich gebe im Moment unheimlich viel von mir selbst, der Druck, die Anstrengung, alles steigert sich im Laufe des Rennwochenendes von Donnerstag bis Sonntag immer weiter. Am Sonntag nach dem Rennen bin ich oft völlig am Ende. Man fühlt sich dann wie in Einzelteilen, gar nicht mehr als kompletter Mensch, es sind nur noch Bruchstücke von einem übrig.« Er wisse nicht, wie lange er noch so weitermachen könne, meinte er, »das kostet alles so viel Substanz, ich kann mich einfach während der Saison nicht mehr regenerieren…« Vielleicht, so überlegte er weiter, müsse er eben doch einmal anders an die Sache herangehen. Aber sogleich verwarf er den Gedanken wieder: »Denn das wäre dann eben nicht mehr meine Art, mein Stil.«

Trotz aller Intensität – er kannte auch das Gegenteil, das Gefühl von Leere in sich selbst. Aber er fand Wege, damit umzugehen: »Ich habe das ein paarmal während meiner Karriere erlebt, und ich habe auch daraus gelernt, habe gelernt, damit umzugehen. Eine Möglichkeit, damit fertigzuwerden, ist, verschiedene Dinge zu tun, verschieden Projekte zu haben und zu sehen, wie sie sich entwickeln. Denn dann werden sie zur Motivation, zu einer Quelle von Zufriedenheit und positiven Gefühlen. Und das kann man in Energie umsetzen, um weiterzumachen. Du brauchst Pläne für die Zukunft, Dinge, von denen du siehst, wie sie allmählich wachsen, auf die du dich freuen kannst. Wenn man das nicht hat, nur darauf wartet, daß etwas vom Himmel fällt, dann ist es viel schwieriger. Und du brauchst verschiedene Dinge. Dann kannst du dich, wenn eines einmal nicht so gut geht, einem anderen zuwenden, und plötzlich funktioniert vielleicht auch das erste wieder. Du must neue Dinge schaffen und in die Zukunft investieren. Das ist der einzige Weg, für die Zukunft zu leben.«

Die Zukunft – dafür wollte er leben. Leben und lernen: »Im Laufe der Zeit, wenn man reifer wird, allmählich lernt, andere Menschen besser zu verstehen, dann wird auch die eigene Fähigkeit, mit anderen umzugehen, besser. Und wenn man versucht, sich selbst zu verbessern, als Mensch, dann können Zeit und Erfahrung nur helfen, die eigenen Stärken besser hervorzuheben und die Schwächen zu unterdrücken. Der einzige Weg, sich zu verbessern, ist der, zu leben, Tag für Tag zu leben und daraus über das Leben zu lernen. Und dann mußt du die richtigen Leute um dich haben, Menschen, die dir bei den Dingen helfen, die du noch nicht kannst, die dich von Fehlern abhalten, die dir helfen zu lernen. Du kannst nicht alles allein machen, du brauchst Menschen um dich, die dich stärker machen.«

Das Ziel des Lebens, so meinte er, könne doch nur sein, alle Möglichkeiten zu entfalten, die in der eigenen Person stecken. In diesem Sinne wollte er das »Ein besserer Mensch werden« verstanden wissen. »Ich bin es heute mit 33 sicher mehr, als ich es mit 20 war«, sagte er im Herbst 1993. »Ich bin erfahrener, reifer, toleranter und sicherer. Ich bin mir meiner selbst sehr sicher, und ich bleibe mir und meinen Prinzipien treu. Wer das in unserem Geschäft nicht tut, der ist ganz schnell Geschichte, der wird von den anderen ganz schnell weggeblasen.«

Viele hielten ihn für schwierig, doch wie sah er sich selbst? »Das ist unterschiedlich. Der Schlüssel in jeder Beziehung, ob beruflich oder rein

Nachdenklich: Ayrton Senna, »der Philosoph der Formel 1«.

menschlich, ist, daß man die gleiche Sprache spricht, die gleichen Basiswerte hat. Respekt, Vertrauen, Professionalität, Kompetenz. Dann bin ich ein einfacher Mensch. Aber wenn aus irgendwelchen Gründen etwas davon fehlt, etwas Grundsätzliches, Fairneß etwa oder Ehrlichkeit, dann werde ich sofort ein sehr schwieriger Mensch.«

Ehrlichkeit und Geradlinigkeit – wo er das zu vermissen glaubte, konnte er nie Vertrauen aufbauen. Und wem er nicht vertraute, der konnte ihn auch nie richtig kennenlernen. Da verschloß er sich, machte einfach zu. Auch wenn er sich zu Unrecht kritisiert fühlte, neigte er dazu: »Es ist schwer, mit Kritik umzugehen, wenn sie öffentlich geäußert wird, und ganz besonders, wenn sie destruktiv ist, wenn man weiß, daß sie nur zerstören will, nichts anderes. Dann ist es sehr schwer, fast unmöglich, damit fertigzuwerden. Dann muß man kämpfen, und ich kämpfe sehr viel. Konstruktive Kritik muß man akzeptieren. Es ist von fundamentaler Wichtigkeit, Fehler einzugestehen, um weiterzukommen, um sich selbst zu verbessern. Dazu gehört auch, daß man akzeptiert, wenn jemand mit dem Finger auf einen zeigt, klar macht, daß man einen Fehler gemacht hat und warum man ihn gemacht hat. Wenn man das versteht, dann kann man es in Zukunft besser machen. Aber das Problem liegt darin, daß die menschliche Natur oft nur zerstören will, vor allem wenn du Erfolg hast, eine Persönlichkeit des öffentlichen Lebens bist. Dann werden die Leute aus den verschiedensten Gründen neidisch und versuchen nur, dir irgendwie eins auszuwischen. Dann mußt du sehr stark sein, um damit fertigzuwerden. Und deswegen gibt es dann am Ende Auseinandersetzungen. Aber so ist es eben, und deswegen mußt du stark sein und kämpfen.«

Dieses »Immer-weiter-kämpfen-können« war eine der großen Stärken Ayrton Sennas, aber er selbst hielt es manchmal auch für eine Schwäche: »Vielleicht hätte ich manchmal früher nachgeben, vielleicht auch aufgeben sollen, eine andere Richtung wählen, Dinge nicht bis zur allerletzten Konsequenz durchfechten sollen. Manches wäre dann vielleicht einfacher gewesen. Aber so bin ich eben: Wenn ich an etwas glaube, dann kann ich einfach nicht aufgeben.«

Daß er sich mit dieser Haltung immer wieder in Kontroversen verwickelte, war ihm klar. Er nahm es in Kauf – obwohl er die Auseinandersetzungen nicht wünschte: »Ich mag keinen Streit. Überhaupt nicht. Sicher, auf der Strecke herrscht Wettkampf, das ist ein Teil unserer Herausforderung und damit in Ordnung. Aber an einem Kampf, der mit Worten in persönlicher Form ausgetragen wird, kann ich eigentlich nichts finden. Aber trotzdem, man ist eben manchmal einfach gezwungen, seine eigene Person zu verteidigen. Dann geht man in die Öffentlichkeit, und dann dreht sich die Spirale weiter.«

In diesem Punkt konnte er nicht aus seiner Haut, obwohl er um die negativen Konsequenzen wußte: »Das ist schade, denn dabei wird unnötig viel Energie verschwendet. Außerdem habe ich festgestellt, daß es bei solchen Dingen keinen Gewinner gibt.« Versuchte er deswegen, im Frühjahr 1994 neben der Strecke alle Schärfe aus dem sich anbahnenden Duell mit Michael Schumacher zu nehmen? So korrigierte er Fragesteller, die von »Rivalen« sprachen, und meinte: »Können wir nicht ›Konkurrenten‹ sagen?« Es sah wirklich so aus, als wäre er auch in dieser Hinsicht dabei, aus der Erfahrung zu lernen und Konsequenzen zu ziehen.

Es gibt unendlich viele Fragen, die man noch hätte stellen können und wollen – in der Erwartung der typischen, manchmal fast eine halbe Minute dauernden »Senna-Denkpause« und der regelmäßig folgenden wohldurchdachten, präzise formulierten Antwort, egal ob auf Portugiesisch, seiner Muttersprache, auf Italienisch oder – wie meistens in der internationalen Welt der Formel 1, auf Englisch. Er überlegte – fast – immer sehr genau, was er sagte. Ausnahmen waren nur der eine oder andere emotionale Ausbruch, der ihm dann ja auch nicht selten Ärger einbrachte. Und was kam, war meistens ausführlich, nicht immer leicht in eine Schlagzeile zu verpacken, und deswegen hat der eine oder andere schon mal zwischendurch auf das Zuhören vergessen.

Aber es lohnte sich zuzuhören. Im Winter 1993, beim Kart-Meeting in Bercy, fragte ich ihn, ob er mir einen jener berühmt-berüchtigten Personality-Fragebögen ausfüllen würde – mit festgelegten Fragen, an denen sich nichts ändern läßt. Ich dachte eigentlich gar nicht, daß er sich dazu bereiterklären würde, aber er tat es, und es wurde viel mehr daraus als knappe Antworten für den eigentlichen Zweck. Es wurde ein langes, fast halbstündiges und zeitweise sehr persönliches Gespräch, das in dieser Vollständigkeit noch nie veröffentlicht wurde.

Was bedeutet für dich Glück?
»Glück kommt aus einer bestimmten mentalen Verfassung und daraus, in Frieden mit sich selbst zu sein, Menschen um sich zu haben, die man mag, das zu tun, was man gerne tut.«

Wovon träumst du?
»Manchmal auch von Rennen, aber vor allem von den vielen Plänen, die ich habe, die nur indirekt mit dem Rennsport zu tun haben. Ich habe durch meinen Erfolg Zugang zu sehr vielen Leuten, die Einfluß haben, etwas bewirken können in den Projekten, die ich in Zukunft vorhabe – das möchte ich nutzen.«

Was hat dich zuletzt bewegt?
»Wenn ich im Fernsehen irgendwelche Wettkämpfe sehe, wenn jemand eine Herausforderung gegen andere besteht, etwas erreicht, dann berührt mich das emotional, weil ich weiß, wie wichtig es für jeden Sportler ist, seine Ziele zu erreichen, weil ich weiß, wie sehr es ihn innerlich berührt. Ich habe die gleichen Gefühle, und deshalb bewegt mich so etwas. Und dann hat mich bewegt, als ich dieses Jahr den Beginn der Friedensverhandlungen in Washington zwischen Israel und den Palästinensern sah, das Treffen zwischen dem israelischen Premierminister und Arafat. Da gibt es einen historischen Konflikt zwischen zwei Gruppen von Menschen, der soviel Leid und Blutvergießen gebracht hat. Und dann sieht man diese Menschen, die in der Lage sind, einen Anfang für ein neues Leben zu finden, die versuchen, Frieden zwischen ihren Völkern zu schaffen. Das war sehr bewegend; denn wir wissen, wie tief der Haß war, welche Konflikte sich da über Generationen aufgebaut hatten. Es bedarf großer Anstrengungen und guten Willens, um da einen Friedensprozeß in Gang zu bringen.«

Woran glaubst du?
»An Gott.«

Was hältst du für deine Stärke?
»Daß ich alle Dinge konsequent angehe, meine Einsatzbereitschaft und Entschlossenheit.«

Was ist deine schlechteste Angewohnheit?
»Ich schlafe zuviel.«

Hast du eine Sehnsucht, einen Traum für die Zukunft?
»Ja, die habe ich. Manche Pläne existieren bis jetzt erst in meinem Kopf, da habe ich noch keinen Weg gefunden, sie zusammen mit anderen Leuten in die Tat umzusetzen. Andere sind auf dem Weg, sind noch geheim (Anmerkung: gemeint war »Senninha«), aber darüber wird man in den nächsten drei, vier Monaten mehr wissen. Aber ich habe soviele Ideen, was ich machen will, und weiß nur noch nicht wie. Wenn ich im Bett liege, in diesem Zustand zwischen Wachsein und Schlafen, dann denke ich ewig darüber nach, kann gar nicht mehr aufhören, komme von einem zum nächsten. Und all diese Pläne werden ein Traum, ich sehe sie wachsen, Fortschritte machen, sehe Menschen, die darüber glücklich sind... Aber noch sind viele Projekte nur Träume. **(Zwischenfrage: Sind es vor allem soziale Projekte für Kinder?)** Ja, ganz stark in diese Richtung, nicht nur für Kinder, aber vor allem für Kinder.«

Was ödet dich an?
»Korruption und Lügen.«

Mit welcher Persönlichkeit würdest du gern tauschen?
»Manchmal wäre ich gern mein kleiner Neffe, dann wieder mein Vater mit all seiner Erfahrung, manchmal meine Schwester; denn wir bewegen uns alle in verschiedenen Bereichen, haben verschiedene Verantwortung. Manchmal wünsche ich mir, ein Arzt zu sein, und manchmal möchte ich einfach nur wirklich ich selbst sein können, nur der Erfahrung wegen, um die Realität besser wahrnehmen zu können. Denn normalerweise habe ich immer eine Menge Leute um mich herum, die sich um mich kümmern, bin regelrecht abgeschirmt. Man läßt viele Menschen gar nicht erst an mich heran. Deshalb sehe ich viele Dinge nicht, die um mich herum vorgehen. Ich weiß, daß mich manche Leute von vorne nett und freundlich behandeln und hinter meinem Rücken ganz anders reden. Oder sie behandeln Menschen, die mir nahestehen, nicht so wie mich selbst. Und deshalb wünsche ich mir oft, ein ganz normaler, unbekannter Mensch zu sein, um wahrnehmen zu können, was wirklich passiert. Ich möchte mich selbst von außerhalb betrachten können, um die Realität zu sehen, wie die Leute agieren, wie sie reagieren... **(Zwischenfrage: So, als ob du über dir selbst fliegen könntest?)** Ja, genau... Fliegen zu können, das wäre ein großer Wunsch – aber er wird sich wohl nicht realisieren lassen.«

Welchen Spleen hast du?
»Ich glaube nicht, daß ich wirklich einen habe. Aber vielleicht könnte man es als

Spleen bezeichnen, daß ich aufregende Dinge wirklich genießen kann. Das ist eine meiner Eigenschaften.«

Über wen oder was kannst du lachen?

»Über Komödianten.«

Dein Hauptcharakterzug?

»Niemals aufzugeben.«

Was würdest du gern an dir ändern?

»Vielleicht besser akzeptieren zu können, wie die Menschen nun mal sind. Es ist schwierig, gewisse Dinge zu akzeptieren, aber ich wünsche mir, in der Zukunft flexibler auf andere Menschen reagieren zu können, sie so zu nehmen, wie sie sind – manche mit ihren großartigen Qualitäten, manche mit ihren großen Fehlern, aber alle einfach so, wie sie sind.«

Welcher Verzicht fällt dir schwer?

»Manchmal der auf Zeiten der Entspannung, manchmal der auf aufregende Erlebnisse.«

Wie verwöhnst du dich?

»Einfach nur durch Entspannen, alles langsamer angehen lassen.«

Welche Erfindung ist für dich die wichtigste?

»Ich glaube, die wichtigsten Erfindungen sind auf dem Gebiet der Medizin gemacht worden. Impfstoffe, zum Beispiel der gegen Kinderlähmung, das war eine wichtige Sache. Aber auch gegen andere Krankheiten, die früher soviel Schmerz und Leid verursacht haben und die man jetzt vollständig unter Kontrolle hat. Auch auf dem Gebiet der Technik gibt es viele Fortschritte, aber das ist ein ständiger Prozeß: Man erfindet eine Sache, im nächsten Jahr die nächste. Nein, ich glaube, wovon wir alle, ob arm oder reich, gleichermaßen profitieren, sind Fortschritte in der Medizin, die Krankheiten und Schmerzen verhindern.«

Welche Fähigkeit möchtest du besitzen?

»Andere Menschen besser zu verstehen.«

Welche Illusion hast du im Laufe deiner Karriere verloren?

»Die Illusion, daß man das System überwinden kann. Also muß man sich entscheiden. Entweder man paßt sich an, oder man bleibt man selbst und wird mit den Problemen, die sich daraus ergeben, irgendwie fertig.«

Wer ist dein Lieblingsgegner?

»Da gab und gibt es verschiedene in den verschiedenen Abschnitten meiner Karriere: Im Kart zum Beispiel war es Terry Fullerton. Wir hatten viel Spaß, er war ein exzellenter Fahrer. In der Formel 1 würde ich sagen Mansell und Prost. **(Zwischenfrage: nicht Gerhard Berger?)** Nein, eigentlich nicht. Denn obwohl Gerhard und ich natürlich gegeneinander gekämpft haben, geschah das nie in einer negativen Weise, es war immer positiv. Wir haben Respekt voreinander, wir verstehen uns, und deshalb haben wir uns nie ans absolute Limit getrieben. Wir sind schon hart gefahren, aber nie über die Grenzen gegangen, weil wir uns nie gegenseitig irgendwie schaden wollten. Mit Prost und Mansell war das anders: Wir waren immer erbitterte Gegner – und haben uns deshalb immer weiter getrieben.«

Was ärgert dich am Sport?

»Wenn Dinge unfair, unkorrekt gehandhabt werden.«

Wen würdest du gern kennenlernen?

»Ich würde gerne in der Zeit zurückgehen können, in die verschiedensten Epochen nicht meines Lebens, sondern der Geschichte. In die Siebziger, die Sechziger, die Fünfziger, die Vierziger, 1900, 1800, 1500, das Jahr vor Christi Geburt – und ich möchte all die Menschen treffen, die Geschichte gemacht oder gute Dinge getan haben. Ich möchte sie einfach nur beobachten können, um zu sehen, was sie wirklich getan haben, warum sie bestimmte Dinge getan haben, gute und weniger gute. Ich glaube, das wäre der optimale Weg, um das Leben und die Menschen heute besser zu verstehen.«

Welche Schlagzeile würdest du gerne über dich lesen?

»Nur meinen Namen – das reicht.«

Was bedeutet für dich Popularität?

»Ebenso bewundert zu werden wie im Zentrum von Streß, Abneigung und Neid zu stehen. Popularität hat sehr viele unterschiedliche Seiten. Natürlich genieße ich – wie jeder – nur die positiven Elemente davon, aber man muß darauf vorbereitet sein, auch mit den negativen Seiten eines Lebens in der Öffentlichkeit fertigzuwerden.«

Was war die dümmste Frage, die dir je gestellt wurde?

(Lacht) »Das kann ich nicht beantworten, ohne Ärger zu kriegen. Nein, ernsthaft: So etwas merke ich mir gar nicht. Ich belaste mich nicht mit negativen Dingen, schon gar nicht jetzt, in diesem Moment meiner Karriere. Ich bin in guter Verfassung, in guter Stimmung. Speziell hier, jetzt, an diesem Wochenende. Ich habe hier Leute aus meiner Kart-Zeit wiedergetroffen, die ich vor fünfzehn Jahren kennengelernt habe: Gegner, mit denen ich gefightet habe, Leute aus anderen Teams, Leute, mit denen ich gearbeitet habe, die mir viel beigebracht haben. Ich habe sie alle lange Zeit nicht gesehen.«

Wen oder was würdest du auf eine einsame Insel mitnehmen?

»Dazu müßte ich erst einmal die Insel inspizieren, sehen, wie die Atmosphäre dort ist, und dann würde ich die richtige Person wählen – einen Freund, einen Kumpel vielleicht, oder meine Freundin. Einsame Insel – was heißt das überhaupt? Heißt das, daß man dort in Frieden mit sich selbst sein kann, meditieren? Oder daß man alles mit dem Menschen teilen kann, den man liebt? Oder heißt es, daß man viel unternehmen kann, Sport treiben zum Beispiel, wofür man Partner braucht, viele, nicht einen oder zwei? Es hängt davon ab, wie man das sieht, und deswegen müßte ich erst einmal hingehen und ein Gefühl dafür entwickeln, was ich dort machen will. Aber ich glaube, ich würde nicht nur einen Menschen mitnehmen wollen. Wenn es ein schöner Platz ist, dann möchte ich schon ein paar Leute mehr um mich herum haben, mit denen ich das alles teilen kann.«

Welche Hobbys hast du außer Sport?

»Modellflugzeuge, Jet-Ski-Fahren, Wasserski, Musik hören.«

Welche Sportart hältst du für überflüssig?

»Keine, alle haben ihre Berechtigung.«

Deine größte Enttäuschung als Sportler?

»Wie gesagt, ich denke nicht negativ, deshalb will ich mich an solche Dinge nicht erinnern.«

Wer ist für dich der/die größte Athlet/Athletin aller Zeiten?

»Schwer, sich auf einen festzulegen: Fangio ist einer oder Pele, auch ›Magic‹ Johnson oder Cassius Clay. Ich möchte nicht einen über alle stellen, jeder hat seine eigene Stärke und Bedeutung.«

Was ist schlimmer als eine Niederlage?

»Betrogen zu werden. Eine sportlich faire Niederlage kann einen sogar besser machen, aber zu verlieren, weil man betrogen wird, das ist unakzeptabel.«

Was ist dein Lebensziel?

»Lange zu leben und mich dabei immer weiter zu verbessern. Nicht nur für meinen Beruf, sondern vor allem für mein Leben insgesamt. Hoffentlich kann ich noch viele Dinge tun.«

»Meine Erziehung ist mir wichtig«

Familie und Freunde

Er lebte auf der ganzen Welt, hatte seine Domizile auch in Monaco und in Portugal – aber wirklich daheim war Ayrton Senna nur in Brasilien: »Nur dort fühle ich mich richtig zuhause, da habe ich meine Familie, meine Freunde.« Ob in seinem Traumhaus am Strand von Angra dos Reis, an der Küste zwischen Rio und São Paulo, auf seiner Farm »Dois Lagos« bei Tatui, 160 Kilometer von São Paulo entfernt, mit eigenem See und eigener Go-Kart-Bahn, in seinem Appartement in Jardims, einem Nobelviertel von São Paulo – Brasilien war seine Welt. »Wenn ich in Angra mit dem Boot nur zehn Minuten zu einer Insel rausfahre, in eine einsame Bucht, alleine, dann dort nur den Vögeln zuhöre, das ist traumhaft…«

In solchen Momenten liebte er die Einsamkeit – aber manchmal litt er auch darunter. »Die Einsamkeit ist der Preis, den ich bezahle«, sagte er und meinte die paradoxe Einsamkeit zwischen Millionen von Fans, zwischen Fremden, die ihm nahe sein wollten, zwischen vielen angeblichen Freunden, von denen er sich nie sicher war: »Meinen die jetzt wirklich mich – oder nur den Star?« Deshalb zog er sich gerne in den allerkleinsten Kreis zurück, der hauptsächlich aus der Familie und ein paar engen, meist schon langjährigen Freunden bestand, denen er wirklich vertraute.

Seine Familie: Vater Milton, der es als Unternehmer mit einem Zulieferbetrieb für die Automobilindustrie und als Grundbesitzer schon zu einigem Wohlstand gebracht hatte, aber trotzdem immer sehr scheu und zurückhaltend war, Mutter Neide, öffentlich meist ganz die »Grande dame«, seine verheiratete Schwester Viviane mit ihren drei Kindern Bianca, Paula und Bruno, Bruder Leonardo, Cousin Fabio Machado mit seinen drei Kindern – und im letzten Jahr gehörte natürlich auch Freundin Adriane zum engsten Kreis dazu. »Wenn da alle zusammen waren, dann ging schon die Post ab…«

Er selbst wollte auch immer eine Familie haben, Kinder, die er so liebte: »Kinder sind natürlich, ehrlich und unverdorben. Als Erwachsener wünsche ich mir oft die Unbekümmertheit der Kinderzeit zurück… Und Kinder sind die Zukunft. Wenn man etwas ändern will, muß man bei den Kindern anfangen, bei ihrer Erziehung…«

Kindern konnte er nie einen Wunsch abschlagen. Im größten Streß, kurz vor einem Trainingsbeginn, sogar an einem Rennsonntag kurz vor dem Start, ein Kind, das ein Autogramm oder ein Foto wollte, hätte er nie stehenlassen. Einmal, bei Testfahrten, als er nach einem Motorschaden

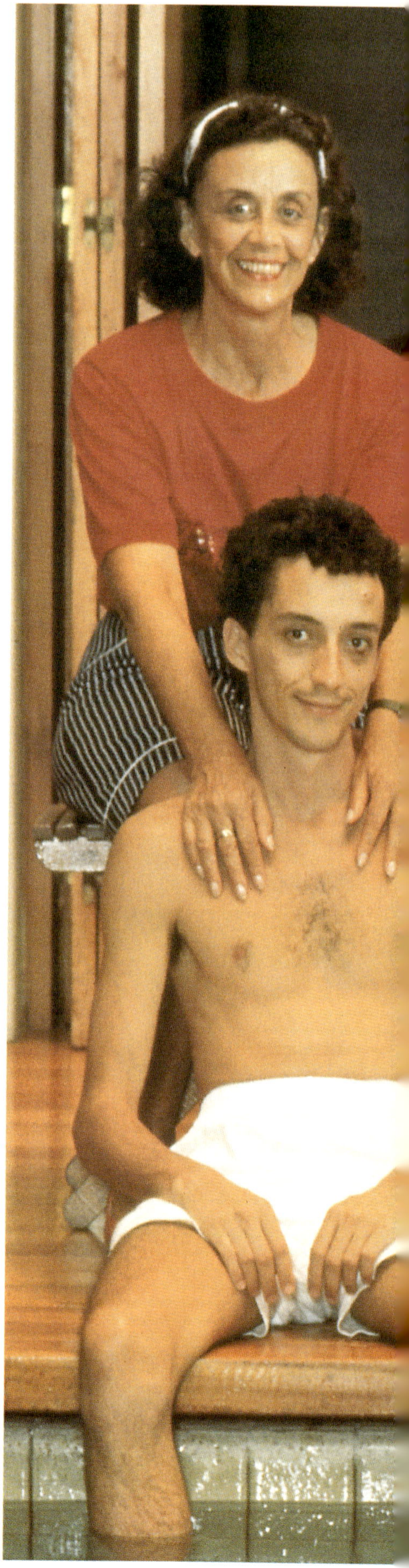

Zuhause: Mit Mutter Neide, Bruder Leonardo und Vater Milton – die Familie gab Senna immer wieder Halt.

Die Strandvilla in Angra dos Reis – Refugium vor allem im brasilianischen Sommer...

wußte, daß drei Stunden Pause angesagt waren, verschwand er plötzlich mit seinem Privatauto... Nachher stellte sich heraus, daß er einen Jungen im Krankenhaus besucht hatte, der einen schweren Mofa-Unfall gehabt hatte, und von dem er gehört hatte, daß er ihn unbedingt kennenlernen wollte. Von sich aus groß darüber geredet hat Senna nicht.

Ein englischer Streckenposten und sein Sohn Mike, die Senna noch aus seinen Anfangsjahren in England kannte, tauchten jahrelang beim englischen Grand Prix immer gemeinsam bei ihm auf. Als 1990 dann zuerst Vater Alan alleine kam, fiel ihm das auf – er fragte nach und erfuhr, daß es da ziemlichen Streit in der Familie gebe, die üblichen »Generationenkonflikte« eben. Als ihm dann auch der Sohn einzeln seinen üblichen »Besuch« abstattete, redete Senna mit dem 17jährigen Jungen, forderte ihn auf, doch auch einmal über die Position seines Vaters nachzudenken, zu versuchen, ihn zu verstehen, einen Kompromiß zu suchen, vielleicht ab und zu aus der Erfahrung des Älteren zu lernen. »Mike war ziemlich beeindruckt«, erinnert sich Alan, »und es ist danach tatsächlich wieder zu einem vernünftigen Gespräch zwischen uns gekommen...«

Familienharmonie – für Senna unverzichtbarer Bestandteil seines Lebens, Teil von ihm selbst, genau wie ein gewisser Respekt gerade vor Älteren. Besonders in Brasilien ist dieser Respekt ein wichtiger Eckpfeiler der Erziehung, vor allem in »besseren« Familien, Senna hatte dieses Prinzip so verinnerlicht, daß er ab und an Probleme bekam, wenn andere ihm gegenüber dieses Verhalten vermissen ließen – siehe Eddie Irvine...

Er erinnerte sich sehr gern an seine Kindheit, an einzelne Episoden: »Als ich gerade das erste Jahr in die Schule ging, hatte mir mein Vater ein Fahrrad versprochen, wenn ich bestimmte gute Noten heimbrächte. Ich war kein besonders guter Schüler – aber ich schaffte es. Also gingen wir zu einem Fahrradhändler – ich durfte mir mein Rad aussuchen.« Er wollte »unbedingt ein gelbes, das weiß ich noch genau – und vor allem erinnere ich mich, daß mein Vater mit dem Verkäufer mindestens eine halbe Stunde um den Preis gefeilscht hat.« Beim Erzählen mußte er immer noch lachen. »Es war mindestens so eine Aktion, als wenn ich einen Helikopter kaufen wollte. Aber ich habe dieses Fahrrad geliebt. Ich hatte es sehr lange, auch noch, als es mir eigentlich schon längst zu klein war. Aber ich wollte kein anderes.«

Was seine Familie ihm mitgab, prägte ihn auch dann noch, als er schon ein Weltstar war. »Ich hatte das Glück, in einer sehr gesunden Umgebung aufzuwachsen, hatte eine sehr glückliche Jugend, habe aber auch sehr viele Werte vermittelt bekommen, die mein Leben prägen, die mir wichtig sind. Meine Eltern haben mir viele Freiheiten gelassen, mich meine eigenen Erfahrungen machen lassen, aber sie haben mir auch die nötigen Grenzen gesetzt. Ich bin sehr stolz auf meine Erziehung. Und ich versuche, mich dementsprechend zu verhalten.« Seine Eltern hätten ihm zum Beispiel immer beigebracht, daß man niemanden einfach stehenläßt, »also versuche ich immer, wenn mich jemand anspricht, zumindest eine kurze, höfliche Antwort zu geben…« Im Streß eines Grand-Prix-Wochenendes sicher nicht immer durchzuhalten – aber der Ansatz war zu sehen.

Es war einfach der Stil, die Klasse, die immer wieder durchschien. Immer und überall. Oder welcher andere heutige Formel-1-Pilot käme schon auf die Idee, aus einem Taxi zunächst einmal selbst auszusteigen, um einer Frau die Tür aufzuhalten? Noch dazu, wenn er selbst noch ein Stück weiterfahren muß… Für Senna ganz normal…

Fast genauso wichtig wie die Famile: die wenigen engen Freunde. Aber selbst da gab es ab und an Probleme – wenn die Öffentlichkeit begann, sich in welcher Form auch immer einzumischen. Die Freundschaft zu seinem Jugendfreund Junior, einem engen Vertrauten, der ihn anfangs auch oft zu den Rennen begleitet hatte, zerbrach beinahe unter dem Druck von außen, nachdem Rivale Nelson Piquet öffentlich ein paar blöde Bemerkungen mit dem Tenor »Senna mag keine Mädchen« in die Welt gestreut hatte. Erst Jahre später trafen sich Senna und Junior wieder regelmäßig, aber selbst dann noch mit Vorsichtsmaßnahmen: »Wenn wir zusammen mit dem Boot rausfahren, dann müssen wir immer ein paar Mädchen mitnehmen, damit nicht irgendeiner ein Foto macht und dann das Gerede wieder los geht«, gestand Ayrton einmal einem engen Vertrauten.

Ihm, dem sein Privatleben heilig war, dessen große Liebe zu dem brasilianischen Fernsehstar Xuxa unter anderem daran kaputtging, daß Xuxa einmal öffentlich ein bißchen viel über die Beziehung erzählte, waren solche Geschichten immer ein Graus. Andere Rennfahrer mögen auch gerne damit protzen, jede Nacht, in jeder anderen Stadt ein anderes Mädchen abzuschleppen, Senna war es eher peinlich, wenn Außenstehende durch Zufall einmal eine solche Geschichte mitbekamen.

Aber vieles konnte er einfach nicht verhindern. Jetzt, nach seinem Tod, ging wieder die Story um die Welt, das brasilianische Fernseh-Sternchen Marcella Prado habe ein Kind von ihm. Schon im Mai 1993, als die Geschichte das erstemal die Titelseiten der brasilianischen Klatschpresse füllte, reagierte er darauf in erster Linie ironisch. »Kann nicht sein! Aber wenn es ein Junge wird, kann sie ihn ja Alain nennen…«

Seinem Freund Gerd Krämer, der ihn ein paarmal mit »seinem Kind« aufzog, legte er einmal sehr ernsthaft auseinander: »Wenn nur die geringste Wahrscheinlichkeit bestünde, daß das mein Kind ist, dann würde ich das sofort testen lassen. Und wenn es mein Kind wäre, dann würde ich mich selbstverständlich darum kümmern. Aber da kann nichts dran sein…« Krämer: »Das war nicht einmal diese Marcella selbst, die mit dieser Geschichte immer wieder an die Presse gegangen ist, sondern ihre Mutter, die offenbar die Popularität der Tochter ein bißchen pushen wollte.«

Krämer, der ihn seit 1984 kannte, war öfters bei ihm in Angra, »1993 haben

Schwester Viviane – auf ihren psychologischen Rat hörte Senna oft…

wir seinen Geburtstag zusammen gefeiert, auf dem Boot, fast alleine, da war niemand von der Familie da. Wenn man einmal sein Freund war, dann war man wirklich sein Freund. Dann hat er alles für einen getan. Er kam zum Beispiel im Winter 1993 zur Verabschiedung von Boss-Chef Jochen Holy nach Stuttgart, einfach so... Und er hat mich immer mit seinem Helikopter in Rio abgeholt, alles ganz selbstverständlich...«

Den Helikopter flog er auch dann schon selbst, als er die Lizenz dafür offiziell noch nicht hatte. Die machte er erst im Winter 1993/94 – »nachdem ich es mir vorher x-mal vorgenommen hatte, es aber aus Zeitgründen nie funktioniert hat.« In Brasilien fragt da keiner danach, wenn man Ayrton Senna heißt – und vor allem so perfekt fliegt. Sein Fluglehrer hatte schon nach ein paar Stunden festgestellt: »Ich kann ihm nichts mehr beibringen, er hat so ein unglaubliches Gefühl für alles.« Gerd Krämer fühlte sich normalerweise »in Helikoptern nicht besonders wohl, irgendwie war mir das nie geheuer. Aber wenn ich mit Ayrton geflogen bin, wenn wir zwischen den Inseln vor Angra unterwegs waren, das war etwas anderes. Mit ihm fühlte ich mich total sicher.«

Auch in Angra hatte er den Helikopter-Landeplatz direkt vor dem Haus, leicht ins Meer hinausgebaut. Ein Traumhaus vor allem aus Holz und Glas, 800 Quadratmeter, davon 250 Quadratmeter Wohnzimmer mit integriertem Swimming-Pool, dazu das Bootshaus für Spielzeuge wie Motorboot, Jet-Ski, etc., dann ein »Spielehaus« mit Tischtennis, Billard, aber auch einer Riesen-Videoleinwand und einer Super-Stereoanlage für den Musikfan Senna.

Eine Traumwelt inmitten eines problemgeplagten, armen Landes? Aber Senna lebte durchaus nicht in einem Elfenbeinturm, er registrierte die Realität um sich genau: »Das Hauptproblem in Brasilien ist, daß der Unterschied zwischen dem größten Teil der Bevölkerung unten und einem kleinen Teil ganz oben immer größer wird. Es gibt für sehr viele keine Perspektive, keine Zukunft. Ich sehe nur, daß es so nicht weitergehen kann. Die Reichen können nicht auf die Dauer wie auf einer Insel in einem Meer der Armut leben. Wir atmen alle die gleiche Luft... Die Leute müssen zumindest eine Chance bekommen, eine Basis, Ernährung, medizinische Versorgung, Erziehung, Ausbildung – sonst ist es kein Wunder, wenn die Probleme immer größer werden, es irgendwann auch zu Gewalt kommt«, sagte er einmal, auf die Probleme seiner Heimat angesprochen.

Lösungen hatte er allerdings auch nicht parat: »Ich bin kein Politiker, ich kann die Probleme nicht lösen.« Ambitionen, in die Politik zu gehen, wie zum Beispiel Brasiliens Fußballstar Pele, gab es aber bei Senna nie: »Weil ich glaube, daß ich dort nicht das geben und leisten könnte, was ich leisten müßte. Zumindest im jetzigen Abschnitt meines Lebens habe ich nicht den Überblick und das Wissen, um etwas wirklich Gutes zu erreichen. Und ich bin der Meinung, daß man etwas nur dann tun sollte, wenn man es wirklich gut kann. Sonst läßt man es besser!«

Außerdem war er sowieso kein großer Freund der Politik: »Ich verfolge sie, das muß man auch, weil sie unser aller Leben direkt beeinflußt. Aber ich mag sie nicht. Ich mag die Politik nicht, weil ich finde, daß sie meistens unehrlich ist. Ich halte mich für einen ehrlichen Menschen, und deswegen kann ich mit der Unehrlichkeit in der Politik schlecht umgehen.«

Was absolut nicht hieß, daß ihn die Probleme gerade Brasilien unberührt ließen: »Ich sehe nur, daß es dem größten Teil der brasilianischen Bevölkerung in den letzten Jahren immer schlechter geht. Das ist eine Situation, die mich sehr bedrückt. Daß es nicht gelingt, dagegen zu arbeiten, den Leuten wenigstens eine Hoffnung zu geben, das berührt mich tief – und macht mich sehr besorgt.«

Darüber, daß er selbst auf sozialem Gebiet sehr viel tat, Hilfsprojekte unterstützte, zum Beispiel für Straßenkinder, darüber redete er nicht so gerne. Da spielte dann immer die Angst mit, man würde ihm unterstellen, sich in erster Linie aus Publicity-Gründen zu engagieren. »Aber es gibt schon einige Möglichkeiten, verschiedenen Leuten auf verschiedene Art zu helfen. Und wann immer das möglich ist, tue ich das auch.«

Daneben sah er aber auch noch eine andere Art, etwas für Brasilien zu tun: »Ich glaube, eine Sache, mit der ich etwas für mein Land tun kann, ist, daß ich überall auf der Welt meine brasilianische Flagge zeige, wenn ich gewonnen habe. Und gerade in Brasilien verfolgen unheimlich viele Leute die Rennen. Sie sind sehr enthusiastisch, was die Formel 1 betrifft – und jeder kann im Fernsehen zuschauen, ob arm oder reich. Sogar in den Favelas gibt es Fernsehen, so kann jeder ein bißchen Teil eines Grand Prix sein, wenn ich fahre. Die Leute identifizieren sich mit mir, so sind all meine Kämpfe, meine Erfolge, meine Siege auch ein bißchen ihre Siege. Und das gibt ihnen schon etwas... Zwischen all den Schwierigkeiten, der Gewalt in Brasilien, gibt ihnen das alle zwei Wochen Unterhaltung, Anlaß, sich als Teil dieser anderen Welt zu fühlen, Anlaß zum Glücklichsein. Ich glaube, es ist wichtig für die Leute, diese Verbundenheit zu spüren, und ich fühle, daß ich diese Verbindung zu ihnen habe.«

Außerdem versuchte er, seine eige-

Unter Freunden: Senna mit Mercedes-VIP-Betreuer Gerd Krämer und Boss-Chef Jochen Holy (links) in Heidelberg 1992.

nen Ideale und Wertvorstellungen, von denen er überzeugt war, wie eben Einsatz, Hingabe, Geradlinigkeit, Ehrlichkeit, auch seinen Landsleuten zu vermitteln: »Ich versuche in meinen Interviews und manchmal sogar auch durch meine Art zu fahren, den Leuten diese Werte, die ich für gut und richtig halte, zu zeigen, sie davon zu überzeugen. Weil ich weiß, daß man schon auf mich schaut, genau beobachtet, was ich tue…«

Senna liebte sein Land – und die Menschen dort. Wer einmal beobachtet hat, wie geduldig er im größten Wirbel von Interlagos Autogramme schrieb, sich abends, beim Weggehen, noch minutenlang mit allen möglichen Fans fotografieren ließ, der wundert sich manchmal über das Image vom kühlen, arroganten Senna, das man ihm gerade in Europa gern andichtete…

Und die Brasilianer liebten und verehrten ihn schon lange. Als er 1991 in Interlagos zum erstenmal gewann und am Abend mit dem Hubschrauber von der Strecke zum Haus seiner Eltern im Norden von São Paulo zurückflog, wartete dort schon eine Menschenmenge von 5000 bis 6000 Leuten auf ihn. Josef Leberer war damals mit dabei: »Es war eine unglaubliche Stimmung, eine Wahnsinnsatmosphäre, ein tolles Erlebnis.« Nachdem sich die Menge auch im Laufe der Zeit nicht zerstreuen wollte, handelte man damals einen Kompromiß aus: »Ich komme nochmal raus auf den Balkon, mit dem Pokal«, bot Senna an – »aber dann müßt ihr auch gehen!« Es funktionierte…

Eines der Geheimnisse dieser Liebe: Senna gab den Brasilianern, nicht nur den einfachen Leuten, eine Hoffnung, Zuversicht. Er war für sie der Beweis, daß es selbst in ihrem krisengeschüttelten Land, bei aller Korruption und Ungerechtigkeit, möglich war, durch eigene Leistung, auf geradem Weg nach oben zu kommen. »Er war unsere Antwort an die Welt, die in Brasilien immer nur ein Land sah, in dem nichts funktionierte, das nichts zustandebrachte«, sagen die Brasilianer. »Was er geschafft hat, durch seine Siege auf den Rennstrecken und auch durch seinen geschäftlichen Erfolg, das hat uns Mut gemacht.«

IN-C

»Eine Herausforderung für die Zukunft«

Der Geschäftsmann Ayrton Senna

1994 wird das Jahr werden, in dem die ›Ayrton Senna Group‹ wirklich unabhängig werden wird, ab dem meine ganzen geschäftlichen Projekte ein von meiner Rennfahrer-Karriere unabhängiges eigenes Dasein entwickeln werden.«
Ein Satz von Ayrton Senna aus dem Januar 1994, voller Stolz über das gewaltige Geschäftsimperium, das er sich in den vergangenen Jahren aufgebaut hatte, von der Kreation des Senna-Markenzeichens, des berühmten roten »S«, bis zum Generalimporteurs-Vertrag mit Audi – und das jetzt auch ohne ihn weiterbestehen wird…
Im Winter 1993/94 war eines seiner Lieblingsthemen immer wieder »ein Projekt für Kinder, das wir bald herausbringen werden, etwas, in das ich viel hineingesteckt habe, menschlich und finanziell. Aber ich glaube und hoffe, daß es den Kindern viel geben

November 1993: In Ingolstadt unterschreibt Senna seinen Generalimporteurs-Vertrag mit Audi-Vorstand Franz-Josef Kortüm.

wird – und am Ende auch Geld bringen, das man wieder in andere gute Dinge umsetzen kann.« Er liebte es, ein bißchen geheimnisvoll zu tun – und war dann sichtlich stolz, als er im Februar die erste Ausgabe von seinem »Kind« zeigen konnte. »Senninha« war geboren, der »kleine Senna«, eine Comicfigur, die natürlich viel von ihm selbst hat, auch wenn er immer wieder gern betonte: »Senninha ist nicht ich!«

»Senninha und seine Freunde« erzählt Geschichten zwischen Wirklichkeit und Fantasie, spielt natürlich hauptsächlich auf Rennstrecken – und wurde auf Anhieb in Brasilien ein großer Erfolg.

Die erste Ausgabe wurde in einer Auflage von insgesamt 3,5 Millionen kostenlos an Schulen verteilt und den größten brasilianischen Zeitschriften beigelegt. Seit 15. März gibt es jetzt regelmäßig alle zwei Wochen eine neue Ausgabe, »für etwa einen Dollar«. Das sei nicht mehr als gerade genug, um erst einmal die Herstellungskosten zu decken, sagte Senna, sichtlich stolz auf sein Projekt: »Schließlich hat alles gute Qualität, gutes Papier, Top-Farben...«

Worum es ihm ging: Kindern nicht nur Spaß und Unterhaltung zu bieten, sondern auch ein bißchen Erziehungsarbeit zu leisten: »Ich möchte mit ›Senninha‹ einiges von meinen eigenen Werten vermitteln, die mir sehr wichtig sind: Ethik, Freundschaft, einen gesunden Lebensstil, Umweltbewußtsein – auch simple Dinge wie korrektes Verhalten im Straßenverkehr.« Dementsprechend wurde die Figur von »Senninha« angelegt: »Senninha« ist ein Fan moderner Technik, aber trotzdem engagiert, moralische und emotionelle Werte zu bewahren, »die in unserer Gesellschaft mehr und mehr in Vergessenheit geraten«, wie Senna meinte.

Und noch ein Konzept steckt hinter »Senninha«: Es sollten damit auch verschiedene soziale Projekte finanziert werden. Das funktioniert zum Beispiel auf dem Umweg über Anzeigenkunden: Die können in »Senninha« werben – und statt dafür hohe Preise zu bezahlen, unterstützen sie die verschiedensten Kampagnen – am Anfang zum Beispiel eine Verteilungs-Aktion von Lebensmitteln an Bedürftige. Außerdem kamen zu der reinen Comic-Serie bald andere Dinge dazu: Ein Computerspiel, ein Walkman – auch die Erlöse aus diesen Dingen gehen an ein Kinderhilfswerk.

»Senninha« wird auch jetzt weiterlaufen wie geplant: Es wird eine 52teilige Fernsehserie mit den Senninha-Figuren geben, wahrscheinlich auch den vorgesehenen Kinofilm und die Kurzgeschichten, und möglicherweise auch den Sprung nach Japan, das einen riesigen Markt für Comics bietet und wo Senna aus seiner Honda-Zeit noch extrem populär war...

»Vor zwei Jahren ist die Idee zu so etwas aufgekommen, wir haben sie geprüft, sie gefiel mir sehr gut – und jetzt bin ich sehr stolz darauf, daß wir sie so verwirklichen konnten«, sagte Senna bei der ersten Präsentation, »denn dieses Projekt enthält sehr viel von mir selbst, spiegelt meine Art zu denken und zu leben wider.« Und gerade deswegen, sagt Senna-Manager Julian Jakobi heute, »weil soviel von Ayrton selbst in Senninha steckte, weil das quasi ›sein Kind‹ war, deswegen muß gerade Senninha unbedingt weitergehen...«

Julian Jakobi: Der Jurist und Manager, der Senna schon seit 1986 bei der Management-Agentur IMG betreute, der Vize-Präsident und Finanz-Chef bei IMG wurde und der sich im Winter 1991/92 von Ayrton abwerben ließ: »Was er mir bot, war eine große Herausforderung geschäftlicher und persönlicher Art. Und wir hatten uns in der ganzen Zeit, in der wir zusammengearbeitet haben, sehr gut verstanden, hatten gegenseitig absolutes Vertrauen zueinander. Eine sehr wichtige Basis.«

Er fühlte sich durch Senna auch intellektuell besonders gefordert: »Er war einer der intelligentesten Menschen, die ich je kennengelernt habe. Bei ihm durfte man nie nachlassen. Er war im Geschäftsleben genauso hellwach, so aufmerksam, so reaktionsschnell wie auf der Rennstrecke.«

Jakobi sollte die am 1. Juli 1992 offiziell gegründete »Ayrton Senna Group« aufbauen, von deren Londoner Büro aus die weltweiten Senna-Aktivtäten koordinieren. Neben seinem Londoner Sitz und dem Senna-Hauptquartier in São Paulo, wo »Ayrton Senna Promoçoes« und »Ayrton Senna Licensing« ihren Sitz haben, lief ja noch vieles parallel: eine Partnerfirma, Ayrton Senna Promotions, auf den Bahamas, eine Firma in den USA, die sich um Flugzeug und Reisen kümmert, und die Medienbetreuung durch Betise Assumpçao und den Haus- und Hof-Fotografen Norio Koike.

Betise koordinierte nicht nur Pressetermine, Interviews etc., sie sorgte auch dafür, daß gerade die brasilianischen Medien immer entsprechendes Material bekamen. Ihre Trainings- und Rennberichte schickte sie an das Büro in São Paulo, von dort wurden sie sofort in Zusammenarbeit mit einer brasilianischen Agentur an alle Zeitungen weiterverbreitet. Senna hatte ein solches Informationsnetz, natürlich wesentlich kleiner und einfacher, schon in seinen Anfangsjahren in England aufgebaut – das Prinzip blieb das gleiche: »Es funktioniert deshalb so gut, weil die Medien wissen, daß sie sich darauf verlassen können. Sie wissen, daß unsere Berichte fair und objektiv sind.« Als kleiner Service wurden zum Beispiel im-

»Senninha« – sein ganzer Stolz...

mer auch ein paar Informationen über die anderen Brasilianer mitgeliefert...

Erinnerungen an zwei Besuche, jeweils im Frühjahr 1993 und 1994, im Hauptsitz des Senna-Firmenimperiums in Brasilien: Ein 16stöckiges Büro-Hochhaus, das »Edificio Vari«, in Santana, im Norden von São Paulo – mit eigenem Helikopter-Landeplatz auf dem Dach. Schließlich will der Chef so schnell und effektiv wie möglich ins Büro kommen...

Sieben Stockwerke gehören dem Unternehmen – genutzt werden erst dreieinhalb, beim zweitenmal schon fünf – und die weitere Expansion ist schon geplant. Gut 35 Leute arbeiten allein in São Paulo für Senna – im Schnitt eine sehr junge Truppe, alle sehr locker, fröhlich. Der freundliche Empfang wirkt ganz natürlich, gar nicht künstlich, aufgesetzt. Was auffällt: Das Styling ist komplett durchgezogen – bis zum Senna-Logo, dem berühmten roten »S«, auf der Kaffeetasse. Corporate Identity in Reinkultur! Und dazwischen überall mal ein Foto des Chefs, oft für die Angestellten signiert, eine Siegersektflasche, »von Detroit 1987«, ein Helm. »Unser Headquarter«, sagt Fabio Machado, Senna-Cousin und -Manager, ein bißchen stolz über die Firmenzentrale. »Wir arbeiten auch weiter sehr eng mit IMG« – der Sportmarketing-Agentur von Mark McCormack – »zusammen, sie unterstützen uns auf rechtlichem und finanziellem Gebiet, aber letztlich ist alles unter unserer Kontrolle.«

An den entscheidenden Stellen in São Paulo saß schon immer die Familie: Cousin Fabio, Vater Milton und Ayrtons 28jähriger Bruder Leonardo bilden die Führungsmannschaft: »Ich muß mit Leuten arbeiten, denen ich absolut vertrauen kann«, sagte Senna immer wieder – »und die finde ich am besten in meiner Familie.« Julian Jakobi gehört irgendwann quasi dazu: »Zwischen uns allen findet ständig ein permanenter Gedankenaustausch statt, man arbeitet wirklich ganz eng zusammen.«

Die Arbeits-Aufteilung sieht damals, 1993, so aus: Fabio ist vor allem für Verträge und fürs Kaufmännische zuständig. »Ich bin zwar eigentlich Ingenieur, habe aber sechs Jahre lang in der Vertragsabteilung einer amerikanischen Firma gearbeitet – gute Voraussetzungen also.« Fabio stieg 1989 voll in die Firma ein – nach dem Tod von Armando Botelho, Sennas erstem Manager und engstem Vertrauten. Leonardos Bereich ist vor allem die Aquise: »Er kommt viel herum, auch auf Einladungen, Parties, hört viel, kennt viele Leute, viele Leute kennen ihn. Das ist ideal, um neue Projekte heranzuholen, neue Ideen zu bringen. Außerdem ist er Computer-Spezialist, was oft auch sehr nützlich ist.«

Vater Milton ist vor allem Berater. Ayrton gab immer sehr viel auf seine Meinung und Erfahrung – nicht umsonst tauchte Milton gerade früher recht oft bei den Rennen in Europa auf, wenn wichtige Entscheidungen über Vertragsverlängerungen oder Teamwechsel anstanden. Übrigens war er es, der als allererster das »Senninha«-Projekt mit Begeisterung unterstützte...

Auch die Fanbetreuung hat das Büro in São Paulo übernommen. Fabio Machados Assistentin Helena Nogueiro kümmert sich darum: »Wir versuchen, die Fans und die Fanclubs weltweit so gut wie möglich zu unterstützen. Wir bekommen natürlich Tausende von Briefen«, erzählt sie damals, »und Ayrton möchte, daß sie alle aufgehoben werden. Und er liest auch immer eine ganze Menge, die speziellen eben, die wir für ihn heraussuchen. Und jeder Brief wird, zumindest kurz, beantwortet.« Die Liebe seiner Fans war für Ayrton Senna immer wichtig: »Ob man es glaubt oder nicht, auch jedes Geschenk, das er von seinen Verehrern an den Rennstrecken oder sonstwo bekommt, wird aufgehoben.«

Aber dieser Bereich war trotzdem nie das Allerwichtigste. Ayrton Senna war dabei, sich gleich mehrere Standbeine für die Zukunft nach seiner Rennkarriere aufzubauen – auch wenn er wohl mindestens noch drei Jahre fahren wollte und auch später ja eigentlich nie mehr etwas hätte tun müssen. »Aber das könnte ich nie – ich brauche immer neue Aufgaben, neue Herausforderungen.« In seinem letzten größeren Interview, am Freitagabend in Imola, meinte er auf die Frage, warum er sich diesen zusätzlichen Streß eigentlich antue, noch lachend: »Weil ich wohl ein bißchen verrückt bin.« Um dann etwas ernsthafter hinzuzufügen: »Aber auch, um zum Beispiel für die Leute, die jetzt für mich arbeiten, die Jobs zu sichern. Würde ich nichts anderes tun, bräuchte ich sicher einige von ihnen nach meiner Rennkarriere nicht mehr. So kann ich sie in andere Bereiche übernehmen...«

Die Auswahl wäre reichlich: Das Autogeschäft zum Beispiel. Senna sicherte sich 1993 die größte Ford-Vertretung in São Paulo, und der letztes Jahr im November abgeschlossene Vertrag mit Audi, der ihn zum Generalimporteur der deutschen Marke für Brasilien machte, lieferte ja auch in Deutschland Schlagzeilen. Ein Netz

Die neue Modelinie – im Frühjahr 94 präsentiert...

von 15 bis 20 Audi-Vertretungen sollte im ersten Jahr 600 Autos verkaufen – Senna selbst steckte die Ziele freilich gleich höher: »1000 wollen wir schon schaffen«, erklärte er dem damaligen Audi-Chef Franz-Josef Kortüm bei der Vertragsunterzeichnung. In den ersten zwei Monaten waren es dann auch schon 160 – sie wurden in der ersten April-Woche 1994 ausgeliefert... Eine weitere geschäftliche Verbindung zu Deutschland hatte Senna übrigens seit Spätsommer 1993: Der Trierer Manager Werner Heinz wurde da sein deutscher Repräsentant, besorgte ihm ja mit Sonax auch schon einen millionenschweren Privatsponsor. »Und weitere Verträge lagen jetzt quasi unterschriftsreif auf dem Tisch, am Donnerstag in Imola haben wir noch verhandelt«.

Neben dem Auto-Business liefen schon seit einiger Zeit einige andere Lizenz-Projekte, mit denen der Name Senna in den kommenden Jahren zum echten Markenzeichen aufgebaut werden sollte. Als erstes der Produkte, die den Namen Senna tragen, kam eine Motoryacht auf den Markt, zwölf Meter lang, 250 000 Dollar teuer. In den ersten zwei Monaten nach der Präsentation Anfang 1993 wurden gleich vier Stück davon verkauft – obwohl damals noch nicht einmal sofort lieferbar. Verkaufsziel ab 1994: Vier Stück im Monat! In Zusammenarbeit mit dem italienischen Hersteller Cagiva gibt es ein Senna-Motorrad. Ein paar Tage vor Imola stellte er in Padua sein neues, zusammen mit der italienischen Firma Carraro herausgebrachtes Mountain-Bike vor... Weitere Projekte waren geplant, die Richtung klar: Sportliche High-Tech-Produkte, Jet-Ski, auch einmal persönliche Accessoires wie Uhren – alles Dinge, die auch jetzt zum größten Teil weiterlaufen werden. »Aber es muß alles zum Image passen, hohe Qualität haben – und darf deshalb auch nicht zu fälschen sein. Deswegen wollen wir zum Beispiel keine Mode machen – da gibt es zu schnell zu viele Billigkopien, und man kann nichts dagegen tun,« sagte Machado im März 1993.

Im April 1994, in Aida zum erstenmal vorgestellt, gibt es dann doch eine Ayrton-Senna-Collection, T-Shirts, Sweat-Shirts, Jacken, »allerdings nicht unter unserem offiziellen Markenzeichen, nicht als Teil der ›Senna-Marke‹ mit dem roten ›S‹, aber als offizielles Lizenzprodukt in Zusammenarbeit mit einem australischen Hersteller.« Grund für den Sinneswandel: Unter anderem die Einsicht, daß in Ermangelung »offizieller« Senna-Artikel erst recht alles gefälscht wird – so tauchten ab 1993 die Senna-T-Shirts mit dem »S« plötz-

Eine Motoryacht – Spitzenprodukt der »Marke Senna«.

lich überall auf. »Die offizielle Kollektion ist jetzt der Versuch, wenigstens halbwegs die Kontrolle zu behalten.«
Fabios Einschätzung seines Cousins als Geschäftsmann aus dem Jahr 1993: »Er will über alles einen Überblick haben. Natürlich hat er nicht die Zeit, sich mit allen Details zu beschäftigen, deshalb ist es unsere Aufgabe, die Dinge für ihn entsprechend vorzubereiten und Ratschläge zu geben. Aber am Ende trifft er die Entscheidungen selbst.« Geradlinig, sehr direkt, entschlossen, von sich selbst und seinen Mitarbeitern sehr viel fordernd, da unterschied sich der Geschäftsmann Senna kaum vom Rennfahrer Senna. »Dadurch, daß Ayrton eine so starke und geradlinige Persönlichkeit ist, tendiert er dazu, die Dinge nur schwarz-weiß zu sehen«, lächelte Fabio damals. »Dann muß ich mich manchmal einschalten und eine diplomatische Lösung finden.«
Er erinnerte sich an den Brasilien-GP 93, als es auf Messers Schneide stand, ob Senna bei seinem Heimrennen in Interlagos überhaupt antreten würde. »In unseren Vertragsverhandlungen mit McLaren war etwas schiefgelaufen, eine Sache, die er schon für geklärt hielt und die es dann doch nicht war. Darüber hat hat er sich so aufgeregt, daß er im Moment alles hinwerfen wollte. Da mußte ich mich dann einschalten, die Gemüter beruhigen, alle nochmal zum Nachdenken bringen, eine Lösung suchen – und am Ende hat's ja funktioniert. Es ist nicht immer einfach, für Ayrton zu arbeiten, aber andererseits kann ich mir keinen besseren Job vorstellen.«
Fabio wird weitermachen, hat zusammen mit Vater Milton und Julian Jakobi die Gesamtleitung des Imperiums übernommen, praktisch alle Projekte werden weitergehen, Leonardo soll sich speziell um die Fortführung des Auto-Geschäfts kümmern.
»Das war immer zwischen uns abgesprochen«, sagt Jakobi, »dieses Versprechen habe ich Ayrton gegeben: Wenn ihm mal was passieren sollte, dann bleibe ich dabei – und wir machen alle gemeinsam weiter. In seinem Sinne.« Das sei doch das mindeste – und das einzige, was man tun könne. Was für ihn und die Familie im Moment besonders wichtig ist: »Wir wollen auf jeden Fall verhindern, daß wir aus seinem Tod auch noch profitieren.«
Deswegen werden alle Einnahmen, die »irgendwie aus Projekten kommen, die auf Ayrtons Image aufgebaut sind, in eine Stiftung gehen, die ›Ayrton Senna Foundation‹. Die Stiftung wird Hilfsprojekte für Kinder fördern, die Ayrton schon früher – meist anonym – unterstützt hat.«
Sennas großes soziales Engament, lange Zeit sehr stark im Verborgenen abgelaufen, um nicht als PR-Strategie in Mißkredit gebracht zu werden, vielleicht zieht es jetzt im Nachhinein noch größere Kreise. Bei vielen, die ihm nahestanden, gibt es Überlegungen, was man »in seinem Sinne« in der Zukunft tun könnte. So beschloß zum Beispiel sein offizieller deutscher Fanclub, auf jeden Fall weiterzumachen, mit dem vorrangigen Ziel, die Stiftung zu unterstützen, »etwas zu tun, was ihm wichtig wäre…«

Der Mann im Hintergrund: Julian Jakobi.

»Ich bin doch keine Maschine«

Die andere Seite des Ayrton Senna

Der begnadete Rennfahrer, der nachdenkliche Philosoph der Rennstrecken, der erfolgreiche Geschäftsmann – diese öffentlichen Seiten des Ayrton Senna sind und waren immer mehr oder weniger bekannt. Eine ganz andere Seite ließ er immer nur sehr wenige sehen, sie gehörte ihm fast allein.

Ayrton Senna, das große Kind, abseits der Rennstrecken, abseits von Streß und Geschäft, fröhlich, lustig, unbekümmert...

Das große Kind, das mit seinen Modellflugzeugen spielte, die er zum großen Teil auch selbst baute: »Das ist gar nicht so einfach, vor allem muß man immer voll konzentriert sein, sonst ist es ganz schnell passiert, daß mal eines abstürzt. Und wenn man es selbst gebaut hat, weiß, wieviel Arbeit und Mühe da drinsteckt, dann tut das richtig weh.« Am Anfang passierte ihm das öfters, später beherrschte er seine Modelle meisterhaft – und konnte sich gelegentlich köstlich amüsieren, wenn Cousin Fabio dabei doch erheblich mehr Mühe hatte.

Das große Kind, daß so gerne mit anderen Kindern, mit seinen Nichten und Neffen durch die Gegend tobte, ob auf dem Wasser per Boot, Jet-Ski oder Wasserski, das gegen seinen Neffen Bruno auf der eigenen Bahn in Tatui Go-Kart fuhr: »Wir gehen da richtig zur Sache, rempeln uns auch schon mal an, schubsen uns von der Bahn, fliegen in die Wiese. Ich brauche das zur Entspannung, um wirklich abschalten zu können, um die Formel 1 mit all ihrem Streß mal komplett zu vergessen.«

Wenn er in Angra mit dem Jet-Ski unterwegs war, schickte er nicht selten Freunde mit dem Motorboot voraus, um ein paar künstliche Wellen zu produzieren, »damit ich schön drüberspringen kann, damit da ein bißchen Action ist.«

Tempo – das mußten die Freizeitaktivitäten immer haben. Golf, Lieblingsbeschäftigung vieler seiner Formel-1-Kollegen, konnte ihn überhaupt nicht reizen: »Ich opfere doch nicht vier Stunden meiner kostbaren Zeit für ein einziges Spiel, bei dem nichts passiert«, schüttelte er nur den Kopf, als Fabio ihn im Urlaub in Port Douglas, zwischen dem japanischen und dem australischen Grand Prix, einmal dazu überreden wollte.

Zum Essengehen in eine ein bißchen ausgeflippte australische Kneipe, außerhalb des »geschützten« Hotelbereichs, läßt er sich damals allerdings nach einiger Zeit doch überreden, im kleinen Kreis, nur fünf Leute. Anfangs ist er offensichtlich noch ein bißchen skeptisch, es braucht ein bißchen Zeit, bis er richtig auftaut, aber dann genießt er es. Auch die Tatsache, daß ihn wirklich einen Abend lang im Halbdunkel der Kneipe niemand erkennt – oder zumindest niemand anspricht... Was natürlich auch den einen oder anderen Nachteil hat. Die VIP-Sonderbehandlung fällt weg, ein ohne Eis bestelltes Cola kommt mit Eis, das ist schon ein bißchen ungewohnt...

Aber er spielt dann die Scherze von Alex, dem deutschen Chef des Szeneladens, den er nach kurzem Ansehen »Wikinger« getauft hat, mit, die attraktive Bedienung bekommt den Namen »Linda« – und die Erklärung für die verblüffte Dame folgt auf dem Fuß: »Das heißt hübsch« – auf portugiesisch natürlich.

Was ihm besonders gefällt: Die wechselnde Hintergrundmusik im »Going Bananas«. Er achtet darauf, registriert sie genau: »Ich mag sehr viele verschiedene Musikrichtungen – Hauptsache, es ist wirklich gute Musik.« Als plötzlich ein Bach-Choral erklingt, horcht er auf: »So etwas habe ich noch nicht gehört, aber das ist toll, das gefällt mir.« Auch mit einem etwas fremdartigen Lied australischer Aboriginals kann er etwas anfangen: »Ihr müßt mal genau zuhören – das sind die Töne der Natur Australiens!«

Er erzählt an diesem Abend eine lustige Geschichte nach der anderen, über den einen oder anderen »Absturz«, auch über die legendären Scherze zwischen ihm und Gerhard Berger... Er läßt auch Portugal nicht aus, jene »Europa-Saison-Abschlußparty '92«, bei der es ihn gewaltig »erwischt«: »Ich hatte seit Mittag, seit vor dem Rennen, nichts mehr gegessen, wir sind dann abends in diese Disco gekommen, da kreisten schon die Whisky-Gläser, jeder wollte mit mir anstoßen – und das war's dann.« Nebenbei bemerkt: So ziemlich das gesamte McLaren-Team ist an diesem September-Sonntag 1992 ziemlich abgefüllt, aber davon, daß

Das »große Kind« und eines seiner Lieblingsspielzeuge: Modellflugzeuge... ▷

PROPO.
SENNA
Charlie Hillard
N41ET
AYRTON

auch einem Senna, der normalerweise höchstens mal ein oder zwei Gläser Champagner trinkt, wenn es einen neuen WM-Titel zu feiern gibt, so etwas mal passieren kann, sind halt viele überrascht. »Mir war nur noch schlecht, es war wirklich übel…« Nachts um halb zwei bringt ihn Josef Leberer nach Hause, »aber mich ins Bett zu legen war auch keine besonders gute Lösung. Es ist kein schönes Gefühl, wenn man immerzu denkt, man müsse sich am Bett festhalten, damit das nicht mit einem umkippt…« Noch beim Erzählen schüttelt er sich bei dem Gedanken…
Das muß er auch manchmal, wenn er darüber nachdenkt, was Gerhard Berger ihm im Laufe von drei gemeinsamen McLaren-Jahren so alles angetan hat: »Der Gerhard kann da gnadenlos sein, da mußt du mit allem rechnen…« Da konnte schon mal sein teuerer, immer penibel ordentlicher Aktenkoffer in Monza plötzlich aus dem Helikopter fliegen, »und als ich mich dann doch mal vorsichtig beschwert habe, hat der Gerhard nur gemeint, ›hättest du einen billigen wie ich, bräuchtest du dich nicht aufregen…‹« Senna bekam sein wertvolles Stück damals, zwar leicht beschädigt, übrigens zurück…
Als die beiden in Mailand einmal zusammen in einem Ferrari unterwegs waren, zog ihm Gerhard, im dicksten Verkehr, mitten auf einer Kreuzung, den Zündschlüssel ab, warf ihn aus dem Fenster. Ein herbeispringender Polizist, der den anscheinend unfähigen Ferrari-Fahrer, der da sein Auto abgewürgt hatte, zusammenstauchen wollte, wurde puterrot, als er Senna erkannte – am Ende krochen alle drei gemeinsam auf der Straße herum, um den Schlüssel zu suchen…
Die in Hotelzimmern versteckten stinkenden Käse, toten Fische etc. sind schon Legende, einmal, in Australien, durfte es auch schon einmal eine Ladung von 26 Fröschen sein… Sennas Anklage bestand in den meisten Fällen nur aus einem Wort: »Berger!«
Seine »Racheakte« waren im Verhältnis meist eher harmlos: Ein auf den Kopf gestelltes Berger-Hotelzimmer oder ein plötzlich verschwundener Berger-Rennoverall, der sich auf den Asphalt vor dem McLaren-Transporter verirrt hatte, Gerhard, schon in Rennunterwäsche, verzweifelt nach seinen Arbeitsklamotten suchend, ganz hinten, in der Ecke, ein in sich hineinlachender Senna – eine Szene aus Ungarn 1991.
Wobei Ayrton aufpassen mußte: Wagte er es wirklich einmal, Gerhard zu »attackieren«, bekam er es meist doppelt und dreifach zurück: »Die Sache mit dem Chaos im Hotelzimmer passierte 1991 in Australien, vor Adelaide – und was macht er? In Adelaide reißt er aus meinem Paß Seiten raus, verziert ihn dafür mit ein paar einschlägigen Playboy-Fotos… Ich hab's nicht gemerkt, erst als ich über Argentinien nach Brasilien zurückflog, gab es dort ein paar sehr erstaunte Gesichter und für mich eine halbe Stunde Wartezeit…«
Oft wurde auch Josef Leberer in die Spielchen eingeschlossen. »In Monza beim Testen haben mir die zwei einmal an meinem Privatauto alle Räder abgeschraubt und das Auto auf vier Holzklötze gestellt. Ich konnte dann sehen, wie ich zurechtkam…« Aber Josef wußte sich zu wehren. »Am nächsten Tag habe ich dann gelacht. Da hatte ich nämlich den Leihwagen, den die beiden sich gemeinsam gemietet hatten, schön mit Japanöl präpariert… Ein paar Tropfen hier, ein paar da – alles schön gleichmäßig verteilt. Es war heiß, das Auto stand den ganzen Tag in der Sonne, dementsprechend optimal war die Wirkung. Als Ayrton und Gerhard eingestiegen sind, hat es sie erstmal ganz schön umgehauen.« Dann wollten die zwei besonders schlau sein: »Schnellstens die Klimaanlage an, um bessere Luft zu kriegen.« Doch da hatten sie die Rechnung ohne Josef gemacht: »Denn in der Klimaanlage steckte erst recht noch mal eine Ladung von dem Zeug…«
Durch die Gesellschaft von Berger lernte Senna etwas, was es zuvor für ihn fast nicht gab: Daß es auch im direkten Umfeld der Formel 1, selbst an einem Grand-Prix-Wochenende, ab und zu mal ein bißchen lockerer zu-

gehen kann, daß das der eigenen Leistung nicht abträglich sein muß, im Gegenteil…

Er probierte das dann auch schon mal an anderen außer an Berger aus. Einmal mußte auch Ron Dennis daran glauben: »Wir waren in Mexiko essen, mein Bruder war auch mit, und ich weiß, daß er ganz scharfe Sachen mag. Er hatte das Chili am Tisch schon probiert, und ich hatte ihn schnell auf portugiesisch, so daß die anderen es nicht mitbekamen, gefragt, wie scharf das ist. ›Sehr‹, sagte er – und wenn er das schon findet… Also bot ich Ron eine Wette an. 5000 Dollar – wenn er die ganze Schüssel leer ißt. Er nahm sich einen Löffel, fing an, kriegte einen knallroten Kopf – aber er hat die Schüssel leer gemacht…«

Die Erinnerung amüsiert ihn, und er kann recht plastisch beschreiben, wie der sonst so distanzierte, auf Image bedachte McLaren-Chef mit dem Feuer in seiner Kehle kämpft. Alles lacht herzlich… Und irgendwann meint Ayrton dann mal zwischendurch, mitten in die lockere Stimmung hinein, ganz nachdenklich: »Und da sagen die Leute immer, ich sei eine Maschine, könne keinen Spaß haben…« Seine Augen sagen, daß ihm das wehtut, daß er möchte, daß man ihn richtig sieht. Aber es waren halt nur wenige, die ihn so erleben durften…

Viel Spaß miteinander: Ayrton Senna und Gerhard Berger, die besten Freunde in der Formel 1.

Adeus, campeão – adeus, amigo

Adeus, Ayrton – der Abschied fällt schwer, wenn man jemanden wie Dich zehn Jahre kannte. Zehn Jahre, in denen wir uns, besonders in den letzten, vielleicht ein bißchen besser verstanden haben als es in der Formel 1 zwischen einem Weltstar wie Dir und den immer und ewig störenden Journalisten üblich war… Jahre, in denen Du – zumindest fast – ein Freund wurdest…

Ein Freund, dem man Adieu sagen möchte – und auch, wie sehr er fehlen wird. Es wird lange dauern, Ayrton, bis wir, die Dich bewundert und gemocht haben, realisieren werden, daß Du wirklich nicht mehr da bist…

Adeus, Ayrton – Du wußtest noch von diesem Buch, Du wußtest, daß ich es Ende dieses Jahres schreiben wollte, wenn Du Deinen vierten WM-Titel in der Tasche hättest, wie wir alle dachten. Und Du hattest mir versprochen, mir ein bißchen dabei zu helfen… Ich hoffe nur, daß Du mit dem, was jetzt daraus geworden ist, wenigstens halbwegs zufrieden wärst, daß es Dir gefallen würde, daß Du Dich darin wiedererkennen würdest…

Adeus, Ayrton – Du warst so anders, als die meisten dachten… Sie hielten Dich für kühl – weil sie nie die Chance hatten, Dich anders zu erleben, nicht im absoluten Streß eines Grand-Prix-Wochenendes. Wie sensibel, weich und emotional Du wirklich warst – diese Seite konntest Du da nur selten zeigen – und auch nicht allen. Denn eines war immer schwer für Dich: wirklich Vertrauen zu finden zu anderen – die Angst, ausgenutzt oder mißverstanden zu werden, saß immer tief… Aber warum haben eigentlich so wenige gesehen, wie Du Dich zum Beispiel immer um andere gekümmert hast, wenn etwas passiert war… Deine Tränen nach dem Unfall von Martin Donnelly in Spanien 1990 werde ich nie vergessen – und vor allem nicht den Ausdruck in deinen Augen, als Du mir am Samstag Nachmittag in Imola von der Strecke entgegenkamst, als du schon vor uns allen anderen wußtest, daß Roland tot ist…

Aber auch Deine Freudentränen werden unvergessen bleiben, damals, als Du in Japan 1988 erstmals das erreicht hattest, was Du immer schaffen wolltest, Weltmeister zu werden. Oder nach Deinem ersten Sieg zu Hause in Brasilien 1991, den Du Dir acht Jahre lang so sehr gewünscht hattest, um den Du dann unter solchen Schmerzen kämpfen mußtest… Als ich Dir, gute zwei Stunden nach dem Rennen, gratuliert habe, in der McLaren-Box, vor der Hunderte von Fans auf Dich warteten, da war immer noch so viel überschwengliche Freude in Dir, daß Du mich spontan umarmt hast… Und Deine Freude und Dein Stolz nach Donington 1993, dieser ersten Run-

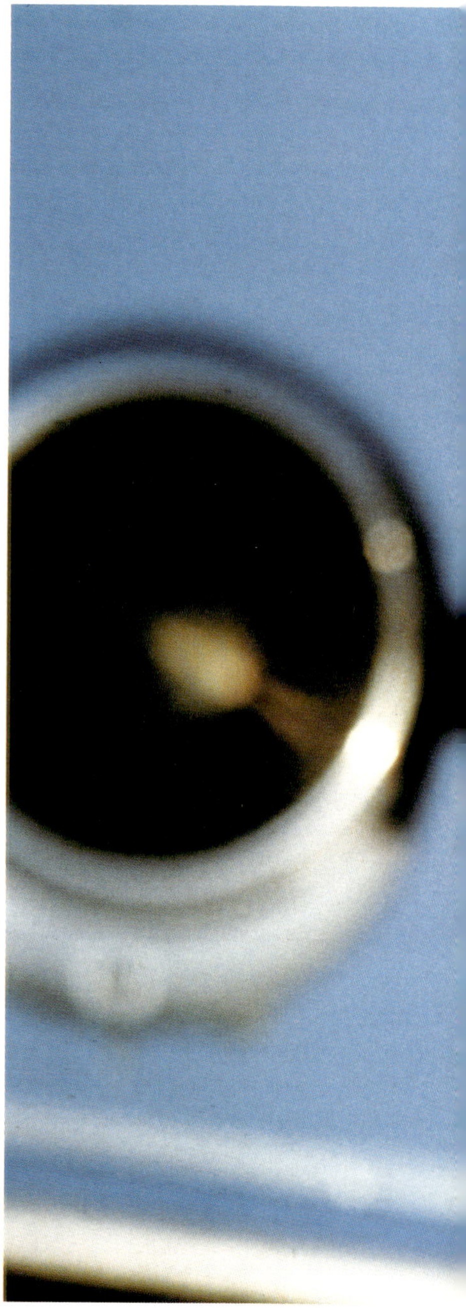

de, die Dich vom fünften auf den ersten Platz brachte, die für immer in den Geschichtsbüchern bleiben wird, diesem Rennen, das eine Demonstration Deiner Magie war. Wir nannten Dich »Magic« – Donington war ein Platz, an dem die Legende wuchs.

Ein Gedanke läßt mich nicht ganz los, nach diesem letzten Winter, der dein Sommer in Brasilien war: Hast Du ganz tief in Dir irgendwelchen Ahnungen gehabt? Die Art, wie Du über den Winter Deine Geschäft weitergepusht, noch so viele Projekte auf die Reihe gesetzt hast, Deine Bemühungen, Frieden zu schaffen mit Menschen, zu denen es Spannungen gab…

Aber wenn Du wirklich etwas gespürt hast, wenn Du an Schicksal geglaubt hat, dann bist Du ihm nicht ausgewichen, sondern hast Dich ihm gestellt. Eine vernünftige Erklärung, irgendein Trost für das, was passiert ist, kann das zwar im Moment auch nicht sein. Adeus, Ayrton – ich glaube, Du würdest nicht wollen, daß wir zu lange um Dich weinen. Ich glaube, Du würdest wollen, daß wir Dich in deiner liebsten Rolle in Erinnerung behalten: als strahlenden Sieger, als den vielleicht besten Rennfahrer aller Zeiten – und als einen faszinierenden Menschen, der uns so viel geben konnte. Es wird nicht leicht werden – aber wir werden es versuchen. Das sind wir Dir schuldig.

Adeus, grande campeão, adeus grande amigo – wir werden Dich vermissen. Adeus, Ayrton – und danke, danke für alles! Oder, in Deiner Sprache: Obrigada por tudo!

Offener Brief an unseren Freund Ayrton Senna

Lieber Ayrton,

Du blickst nun von oben auf uns herab. Sicher tut es Dir leid, daß wir, Deine Freunde, uns nun so einsam fühlen. Stellvertretend für die anderen deutschen Fanclubfreunde möchte ich Dir ein paar Worte sagen: Es zerreißt mir das Herz, wenn ich an Monaco denke. Monaco ohne Dich, ohne Dich! Ich werde Dich nun wohl nie mehr sehen und weiß nicht, wie ich damit fertig werden soll. Du warst ein so wichtiger Teil meines Lebens geworden. Weißt Du eigentlich, daß ich mich damals in Suzuka '88 genauso heftig gefreut habe wie Du. Ich habe mir sogar den Kopf an der Zimmerdecke gestoßen. Ja, es ist wahr! Übrigens; jedes Mal, wenn ich Dich in Monte Carlo auf einer Pole-Runde im McLaren-Cockpit sehe, bin ich so stolz, einen so großartigen Artisten, einen so phantastischen Virtuosen zu kennen. Mein Gott, ich werde Dich dort nie wieder sehen! Dort nicht und nirgendwo mehr.
Ayrton, am Sonntag hielt ich es nicht mehr aus nach der 7ten Runde. Steig doch endlich aus, dachte ich. Steig doch endlich aus ...
Später fuhr ich im Auto ziellos durch die Straßen und wartete, bangte, hoffte auf eine gute Nachricht aus dem Krankenhaus. Ein einziger Satz riß mich aus diesem Traum zurück: *"Ayrton Senna ist tot."* Weißt Du, daß ich noch nie in meinem Leben etwas so Schreckliches gehört habe, mich noch nie so sterbenselend gefühlt habe. Ich habe laut geschrien, Tränen liefen wie Sturzbäche meine Wangen hinunter, ich konnte kaum mehr atmen. *"Der dreifache Automobilweltmeister Ayrton Senna ist tot ..."* Nein, nein, nein, ...

Heute ist der 21. Mai: Ayrton, ich will nicht ungerecht sein. Du hast mir 10 Jahre lang so viel gegeben, so viel Freude gemacht, daß ich einsehe, ich muß diese Rechnung nun begleichen: Trauer, Schmerz, Tränen, Leere ... Ich werde das schaffen, ich werde es zumindest versuchen. Du kannst stolz auf mich sein, Ayrton.

Ich hoffe, Du hattest in den 2 Sekunden keine Zeit, den Tod zu spüren. Es ist wenig Trost für mich, daß Du Dir immer einen schnellen Unfalltod gewünscht hast.

Hey, vielleicht kannst Du mir später einmal erklären, warum Gott immer die Besten zuerst holt.

Lieber Ayrton - wir, Deine deutschen Freunde werden Dich niemals vergessen. Wir sind stolz und glücklich, daß wir Dich 10 Jahre haben durften.
Adieu!

AYRTON SENNA FANCLUB GERMANY
Friedel H. Weber

Am Nachmittag des 1. Mai 1994 stand für die gesamte Motorsportwelt die Zeit still. Der Tod von Ayrton Senna bedeutet für die Formel 1 die Stunde 0, nichts wird wieder so sein, wie es einmal war. Eine ähnlich unfaßbare und perspektivenlose Situation gab es im Grand Prix-Sport lediglich 1968, als der unschlagbare und legendäre Jim Clark in Hockenheim starb. Ebenso wie der Schotte verlieh Senna der Formel 1 neue Dimensionen und bot Leistungen, die selbst von Experten nicht für möglich gehalten wurden. Auch ist es als ein Verdienst Sennas anzusehen, daß die Formel 1 zunehmend Zuschauer gewann. Wie Jim bedeutete Ayrton für den Motorsport und die Fans wesentlich mehr, als Siege und Titel ohnehin belegen. Wenngleich die Schumachers, Hills und Alesis sich nun anschicken, die Nachfolge des Brasilianers anzutreten, seine Größe werden sie nicht erreichen. Was bleibt, ist die Erinnerung an mehr als 10 Jahre mitreißenden Motorsport aus purer Leidenschaft – Danke Ayrton!
Mit freundlichen Grüßen Georg Ludwig

Zum Tod von Ayrton Senna!

Auch knapp 2 Wochen nach „Imola" ist der Schmerz in mir nicht vergangen, mit Ayrton Senna ging ein Stück Lebenssinn. Doch nun wird die Wut größer, ganz offensichtlich wurde Ayrton der Show und dem Geld geopfert. Die Verantwortlichen sollten auf jeden Fall zur Rechenschaft gezogen werden, auch wenn es Ayrton und seinen Anhängern nicht mehr hilft.
Die Formel-1 hat ihren Glanz, ihr Herz verloren und doch werde ich bei den Rennen vorm Fernseher sitzen und nach dem Auto mit dem gelben Helm darin suchen. So bleibt der Schmerz, er wird mit jedem Rennen größer.
Noch ein Wort zu Schumacher. Der Sieg sei ihm gegönnt, aber sein Verhalten bei der Siegerehrung war mehr als beschämend, auf gut deutsch: zum kotzen.

Karin Boetz

Am 1. Mai ist für mich eine kleine Welt zusammengebrochen - ich wünschte mir endlich aus diesem schlimmen Alptraum zu erwachen. Aber ich mußte sehr schnell feststelle, daß es kein böser Traum sondern bittere Realität war.

Jetzt 2 Wochen danach habe ich langsam begriffen, daß der Mann dem mein ganzes Formel-1-Interesse galt wirklich tot ist.

Für 3 Tage war ich kaum ansprechbar, jede blöde Bemerkung stellte meine Selbstbeherrschung hart auf die Probe. Ich wurde wegen meiner Trauer belächelt und sogar ausgelacht, in solchen Momenten hat es mir sehr viel geholfen zu wissen, daß es Menschen gibt, die das gleiche empfinden und mir denen ich über meine Gefühle - wenn auch nur telefonisch - reden konnte.

Ob Formel 1 für mich je wieder so faszinierend wird bezweifele ich sehr stark, denn einen Ayrton Senna wird nie jemand ersetzen oder gar übertreffen.

Für mich ist der größte Formel-1-Fahrer in Imola gestorben, ein Fahrer, der nicht nur schnell war, sondern auch Menschlichkeit und Charakter besaß.

Es war faszinierend einen kleinen Einblick in seine Welt zu haben und es wird noch einige Zeit dauern bis aus meinem Schmerz Stolz wird, ein Fan von Ayrton Senna zu sein.

Heidi Vieth

Statistik

Die Karriere Ayrton Sennas

Kart

1973 1.7. erstes Rennen in Interlagos, Sieger
1977 Südamerikanischer Meister
1978 Brasilianischer, südamerikanischer Meister
WM in Le Mans, Platz 6
1979 Brasilianischer Meister
WM in Estoril, Platz 2
1980 Brasilianischer Meister
WM in Nivelles, Platz 2
1981 Brasilianischer Meister
WM in Parma, Platz 4
1982 WM in Kalmar, Platz 14

Formel Ford 1600 (Van Diemen)

(P & O = P & O-Ferries-Meisterschaft,
TT = Townsend-Thoresen-Meisterschaft,
RAC = RAC-Meisterschaft)

Datum/Serie/Strecke/Plazierung/Pole-Pos. (PP) bzw. schnellste Runde (SR)

1981
01.03. P & O Brands Hatch/5.
08.03. TT Thruxton/3.
15.03. TT Brands Hatch/1.
22.03. TT Mallory Park/2./PP
05.04. TT Mallory Park/2.
03.05. TT Snetterton/2./PP
24.05. RAC Oulton Park/1./SR
25.05. TT Mallory Park/1.
07.06. TT Snetterton/1./SR
21.06. RAC Silverstone/2.
27.06. TT Oulton Park/1./SR
04.07. RAC Donington/1./SR
12.07. RAC Brands Hatch/4./SR
25.07. TT Oulton Park/1./SR
26.07. RAC Mallory Park/1./SR
02.08. TT Brands Hatch/1.
09.08. RAC Snetterton/1./SR
15.08. TT Donington/1.
31.08. TT Thruxton/1./PP, SR
29.09. TT Brands Hatch/2./SR

RAC-Meister, TT-Meister

Formel Ford 2000 (Rushen Green Racing)

(PB = Pace British FF 2000 = Britische Meisterschaft,
EFDA = FF-2000-Europameisterschaft)
Datum/Serie/Strecke/Plazierung/Pole-Pos. (PP) bzw. schnellste Runde (SR)

1982
07.03. PB Brands Hatch/1./PP, SR
27.03. PB Oulton Park/1./PP, SR
28.03. PB Silverstone/1./PP, SR
04.04. PB Donington/1./PP, SR
09.04. PB Snetterton/1./PP, SR
12.04. PB Silverstone/1./PP, SR
19.04. EFDA Zolder/Ausfall/PP
02.05. EFDA Donington/1./PP, SR
03.05. PB Mallory Park/1./SR
09.05. EFDA Zolder/Ausfall/PP, SR
30.05. PB Oulton Park/Ausfall
31.05. PB Brands Hatch/1./SR
06.06. PB Mallory Park/1./SR
13.06. PB Brands Hatch/1./PP
20.06. EFDA Hockenheim/Ausfall/PP
26.06. PB Oulton Park/1./SR
03.07. EFDA Zandvoort/1./PP
04.07. PB Snetterton/2.
10.07. PB Castle Combe/1./PP, SR
01.08. PB Snetterton/1./SR
08.08. EFDA Hockenheim/1./PP, SR
15.08. EFDA Zeltweg/1./PP, SR
22.08. EFDA Jyllandsring/1./PP, SR
30.08. PB Thruxton/1./SR
05.09. PB Silverstone/1./SR
12.09. EFDA Mondello Park/1./SR
26.09. PB Brands Hatch/2./SR

Britischer Meister, Europameister

Andere Rennen:
30.05. Prominentenrennen, Oulton Park, (Sunbeam Talbot T1), Sieger
13.11. Formel 3, Thruxton (Ralt-Toyota), Sieger

Britische Formel-3-Meisterschaft (West Surrey Racing, Ralt-Toyota)

Datum/Serie/Strecke/Plazierung/Pole-Pos. (PP) bzw. schnellste Runde (SR)

1983
06.03. Silverstone/1./SR
13.03. Thruxton/1./PP
20.03. Silverstone/1./PP, SR
27.03. Donington/1./PP, SR
04.04. Thruxton/1./PP
24.04. Silverstone/1./PP, SR
02.05. Thruxton/1./PP, SR
08.05. Brands Hatch/1./PP, SR
30.05. Silverstone/1./PP, SR
12.06. Silverstone/Ausfall
19.06. Cadwell Park/nicht gestar./PP
03.07. Snetterton/Ausfall/SR
16.07. Silverstone/1./PP, SR
24.07. Donington/2./PP, SR
06.08. Oulton Park/Ausfall/SR
29.08. Silverstone/1./PP
11.09. Oulton Park/Ausfall
18.09. Thruxton/Ausfall/PP
02.10. Silverstone/2.
23.10. Thruxton/1./PP, SR

Britischer Meister

Andere Rennen:
20.10. Formel-3-GP/Macau (Teddy Yip, Ralt-Toyota)/Sieger/PP, SR

Formel 1 (Toleman-Hart)

Datum/Grand Prix/Strecke/Plazierung/Pole-Pos. (PP)/schnellste Runde (SR)/Sieger

1984
25.03. Brasilien/Rio/Ausfall/A. Prost
07.04. Südafrika/Kyalami/6./N. Lauda
29.04. Belgien/Zolder/6./M. Alboreto
06.05. San Marino/Imola/nicht qualif./A. Prost
20.05. Frankreich/Dijon/Ausfall/N. Lauda
03.06. Monaco/Monte Carlo/2./SR/A. Prost
17.06. Kanada/Montreal/7./N. Piquet
24.06. USA-Ost/Detroit/Ausfall/N. Piquet
08.07. USA/Dallas/Ausfall/K. Rosberg
22.07. England/Brands Hatch/3./N. Lauda
05.08. Deutschland/Hockenheim/Ausfall/A. Prost
19.08. Österreich/Zeltweg/Ausfall/N. Lauda
26.08. Holland/Zandvoort/Ausfall/A. Prost
09.09. Italien/Monza/nicht am Start/N. Lauda
07.10. Europa/Nürburgring/Ausfall/A. Prost
21.10. Portugal/Estoril/3./A. Prost

13 WM-Punkte, WM-Platz 9 –
Weltmeister: Niki Lauda

Andere Rennen:
12.05. Nürburgring-Einweihungsrennen, Mercedes 190 E, Sieger
15.07. Nürburgring-1000-km-Rennen, Joest Porsche 956, Platz 8

Formel 1 (Lotus-Renault)

Datum/Grand Prix/Strecke/Plazierung/Pole-Pos. (PP)/schnellste Rd. (SR)/Sieger

1985
07.04. Brasilien/Rio/Ausfall/A. Prost
21.04. Portugal/Estoril/1./PP, SR/A. Senna
05.05. San Marino/Imola/7./PP/E. de Angelis
19.05. Monaco/Monte Carlo/Ausfall/PP/A. Prost
16.06. Kanada/Montreal/16./SR/M. Alboreto
23.06. USA/Detroit/Ausfall/PP, SR/K. Rosberg
07.07. Frankreich/Le Castellet/Ausfall/N. Piquet
21.07. England/Silverstone/10./A. Prost
04.08. Deutschland/Nürburgring/Ausfall/M. Alboreto
18.08. Österreich/Zeltweg/2./A. Prost
25.08. Holland/Zandvoort/3./N. Lauda
08.09. Italien/Monza/3./PP/A. Prost
15.09. Belgien/Spa/1./A. Senna
06.10. Europa/Brands Hatch/2./PP/N. Mansell
19.10. Südafrika/Kyalami/Ausfall/N. Mansell
03.11. Australien/Adelaide/Ausfall/PP/K. Rosberg

38 WM-Punkte, WM-Platz 4 –
Weltmeister Alain Prost

1986
23.03. Brasilien/Rio/2./PP/N. Piquet
13.04. Spanien/Jerez/1./PP/A. Senna
27.04. San Marino/Imola/Ausfall/PP/A. Prost
11.05. Monaco/Monte Carlo/3./A. Prost
25.05. Belgien/Spa/2./N. Mansell
15.06. Kanada/Montreal/5./N. Mansell
22.06. USA/Detroit/1./PP/A. Senna/
06.07. Frankreich/Le Castellet/Ausfall/PP/N. Mansell
13.07. England/Brands Hatch Ausfall/N. Mansell
27.07. Deutschland/Hockenheim/2./N. Piquet
10.08. Ungarn/Hungaroring/2./PP/N. Piquet
17.08. Österreich/Zeltweg/Ausfall/A. Prost
07.09. Italien/Monza/Ausfall/N. Piquet
21.09. Portugal/Estoril/4./PP/N. Mansell
12.10. Mexico/Mexico City/3./PP/G. Berger
26.10. Australien/Adelaide/Ausfall/A. Prost

55 WM-Punkte, WM-Platz 4 –
Weltmeister Alain Prost

Formel 1 (Lotus-Honda)

Datum/Grand Prix/Strecke/Plazierung/Pole-Pos. (PP)/schnellste Rd. (SR)/Sieger

1987
12.04. Brasilien/Rio/Ausfall/A. Prost
03.05. San Marino/Imola/2./PP/N. Mansell
17.05. Belgien/Spa/Ausfall/A. Prost
31.05. Monaco/Monte Carlo/1./SR/A. Senna
21.06. USA/Detroit/1./SR/A. Senna
05.07. Frankreich/Le Castellet/4./N. Mansell
12.07. England/Silverstone/3./N. Mansell
26.07. Deutschland/Hockenheim/3./N. Piquet
09.08. Ungarn/Hungaroring/2./N. Piquet
16.08. Österreich/Zeltweg/5./N. Mansell
06.09. Italien/Monza/2./SR/N. Piquet
20.09. Portugal/Estoril/7./A. Prost
27.09. Spanien/Jerez/5./N. Mansell
18.10. Mexico/Mexico City/Ausfall/N. Mansell
01.11. Japan/Suzuka/2./G. Berger
15.11. Australien/Adelaide/Ausfall/G. Berger

57 WM-Punkte, WM-Platz 3 –
Weltmeister Nelson Piquet

Formel 1 (McLaren-Honda)

Datum/Grand Prix/Strecke/Plazierung/Pole-Pos. (PP)/schnellste Rd. (SR)/Sieger

1988
03.04. Brasilien Rio/Disqualif./PP/A. Prost
01.05. San Marino/Imola/1./PP/A. Senna
15.05. Monaco/Monte Carlo/Ausfall/PP, SR/A. Prost
29.05. Mexico/Mexico City/2./PP/A. Prost
12.06. Kanada/Montreal/1./PP/A. Senna
19.06. USA/Detroit/1./PP/A. Senna
03.07. Frankreich/Le Castellet/2./A. Prost
10.07. England/Silverstone/1./A. Senna
24.07. Deutschland/Hockenheim/1./PP/A. Senna
08.08. Ungarn/Hungaroring/1./PP/A. Senna
28.08 Belgien/Spa/1./PP/A. Senna
11.09. Italien/Monza/Ausfall/PP/G. Berger
25.09. Portugal/Estoril/6./A. Prost
02.10. Spanien/Jerez/4./PP/A. Prost
30.10. Japan/Suzuka/1./PP, SR/A. Senna
13.11. Australien/Adelaide/2./PP/A. Prost

90 WM-Punkte (94 inklus. Streichresultate), Weltmeister

1989
26.03. Brasilien/Rio/11./PP/N. Mansell
23.04. San Marino/Imola/1./PP/A. Senna
07.05. Monaco/Monte Carlo/1./PP/A. Senna
28.05. Mexico/Mexico City/1./PP, SR/A. Senna
04.06. USA/Phoenix/Ausfall/PP/A. Prost
18.06. Kanada/Montreal/Ausfall/T. Boutsen
09.07. Frankreich/Le Castellet/Ausfall/A. Prost
16.07. England/Silverstone/Ausfall/PP/A. Prost
30.07. Deutschland/Hockenheim/1./PP/A. Senna

13.08. Ungarn/Hungaroring/2./N. Mansell
27.08 Belgien/Spa/1./PP/A. Senna
10.09. Italien/Monza/Ausfall/PP/A. Prost
24.09. Portugal/Estoril/Ausfall/PP/G. Berger
01.10. Spanien/Jerez/1./PP, SR/A. Senna
22.10. Japan/Suzuka/Disqualif./PP, SR/A. Nannini
05.11. Australien/Adelaide Ausfall/PP/T. Boutsen

60 WM-Punkte, WM-Platz 2 – Weltmeister Alain Prost

1990
11.03. USA/Phoenix/1./A. Senna
25.03. Brasilien/Interlagos/3./PP/A. Prost/
13.05. San Marino/Imola/Ausfall/PP/R. Patrese
27.05. Monaco/Monte Carlo/1./PP, SR/A. Senna
10.06. Kanada/Montreal/1./PP/A. Senna
24.06. Mexico/Mexico City/20./A. Prost
08.07. Frankreich/Le Castellet/3./A. Prost
15.07. England/Silverstone/3./A. Prost
29.07. Deutschland/Hockenheim/1./PP/A. Senna
12.08. Ungarn/Hungaroring/2./T. Boutsen
26.08 Belgien/Spa/1./PP/A. Senna
09.09. Italien/Monza/1./PP, SR/A. Senna
23.09. Portugal/Estoril/2./N. Mansell
30.09. Spanien/Jerez/Ausfall/PP/A. Prost
21.10. Japan/Suzuka/Ausfall/PP/N. Piquet
04.11. Australien/Adelaide/Ausfall/PP/N. Piquet

78 WM-Punkte, Weltmeister

1991
10.03. USA/Phoenix/1./PP/A. Senna
24.03. Brasilien/Interlagos/1./PP/A. Senna/
28.04. San Marino/Imola/1./PP/A. Senna
12.05. Monaco/Monte Carlo/1./PP/A. Senna
02.06. Kanada/Montreal/Ausfall/ N. Piquet
16.06. Mexico/Mexico City/3./R. Patrese
07.07. Frankreich/Magny Cours/3./N. Mansell
14.07. England/Silverstone/4./N. Mansell
28.07. Deutschland/Hockenheim/7./N. Mansell
11.08. Ungarn/Hungaroring/1./PP/A. Senna
25.08 Belgien/Spa/1./PP/A. Senna
08.09. Italien/Monza/2./PP, SR/N. Mansell
22.09. Portugal/Estoril/2./R. Patrese
29.09. Spanien/Barcelona/5./N. Mansell
20.10. Japan/Suzuka/2./SR/G. Berger
03.11. Australien/Adelaide/1./PP/A. Senna

96 WM-Punkte, Weltmeister

1992
10.03. Südafrika/Kyalami/3./N. Mansell
22.03. Mexico/Mexico City/Ausfall/N. Mansell
05.04. Brasilien/Interlagos/Ausfall/N. Mansell
03.05. Spanien/Barcelona/9./N. Mansell
17.05. San Marino/Imola/3./N. Mansell
31.05. Monaco/Monte Carlo/1./A. Senna
14.06. Kanada/Montreal/Ausfall/PP/G. Berger
05.07. Frankreich/Magny Cours/Ausfall/N. Mansell
12.07. England/Silverstone/Ausfall/N. Mansell
26.07. Deutschland/Hockenheim/2./N. Mansell
16.08. Ungarn/Hungaroring/1./A. Senna
30.08 BelgienSpa/5./M. Schumacher
13.09. Italien/Monza/1./A. Senna
27.09. Portugal/Estoril/3./SR/N. Mansell
25.10. Japan/Suzuka/Ausfall/R. Patrese
08.11. Australien/Adelaide/Ausfall/G. Berger

50 WM-Punkte, WM-Platz 4 – Weltmeister Nigel Mansell

Formel 1 (McLaren-Ford)

Datum/Grand Prix/Strecke/Plazierung/Pole-Pos. (PP)/schnellste Rd. (SR)/Sieger

1993
14.03. Südafrika/Kyalami/2./A. Prost
28.03. Brasilien/Interlagos/1./A. Senna/
11.04. Europa/Donington/1./SR/A. Senna
25.04. San Marino/Imola/Ausfall/A. Prost
09.05. Spanien/Barcelona/2./A. Prost
23.05. Monaco/Monte Carlo/1./A. Senna
13.06. Kanada/Montreal/18./A. Prost
04.07. Frankreich/Magny Cours/4./A. Prost
11.07. England/Silverstone/5./A. Prost
25.07. Deutschland/Hockenheim/4./A. Prost
15.08. Ungarn/Hungaroring/Ausfall/D. Hill
29.08 Belgien/Spa/4./D. Hill
12.09. Italien/Monza/Ausfall/D. Hill
26.09. Portugal/Estoril/Ausfall/M. Schumacher
24.10. Japan/Suzuka/1./A. Senna
07.11. Australien/Adelaide/1./PP/A. Senna

73 WM-Punkte, WM-Platz 2
Weltmeister Alain Prost

Formel 1 (Williams-Renault)

Datum/Grand Prix/Strecke/Plazierung/Pole-Pos. (PP)/schnellste Rd. (SR)/Sieger

1994
27.03. Brasilien/Interlagos/Ausfall/PP/M. Schumacher
17.04. Pazifik/Aida/Ausfall/PP/M. Schumacher
01.05. San Marino/Imola/tödl. Unfall/PP/M. Schumacher

Gesamtstatistik:

Anzahl gefahrene GPs: 161
Pole-Positions: 65
GP-Siege: 41
Schnellste Runden: 19
WM-Punkte: 614
WM-Titel: 3

Zum gleichen Themenbereich sind im Sportverlag auch folgende Titel erschienen:

»Motorsport – Supersport«, Nr. 563
»Walter Röhrl – Ein Leben für den Rallyesport«, Nr. 624

1. Auflage Juli 1994
2. Auflage Juli 1994
3. Auflage August 1994
4. Auflage August 1994
5. Auflage Oktober 1994
6. Auflage Dezember 1994

Die Deutsche Bibliothek – CIP-Einheitsaufnahme

Ayrton Senna : seine Siege – sein Vermächtnis / Karin Sturm. –

Berlin : Sport-Verl., 1994
ISBN: 3-328-00642-7
NE: Sturm, Karin

ISBN 3-328-00642-7

Umschlagfotos: ATP (v), Ferdi Krähling (h)
Umschlaggestaltung: Theodor Bayer-Eynck
Fotos: Lukas Gorys (38): S. 4/5, 15, 16/17, 19, 26, 31, 46/47, 50, 51, 52/53, 54, 55, 61, 62/63, 69, 71, 72/73, 74/75, 76/77, 78/79, 80, 83, 84, 86/87, 89, 90/91, 94/95, 97, 98/99, 103, 105, 106/107, 116/117, 118/119, 124/125, 127, 128, 132; ATP/Thill (11): S. 8/9, 40/41, 45, 58/59, 66/67, 80/81, 104, 114/115, 121, 122, 154/155; ATP/Reck (10): S. 6, 21, 28, 33, 35, 48/49, 60/61, 100/101, 113, 137; ATP/Larkin (4): S. 2/3, 12, 24/25, 147/148; ATP/DPPI (3): S. 36, 37; ATP/Kaneko (2): S. 30, 34; ATP/Stirnberg (1): S. 102; ATP/Hamann (1): S. 130/131; ATP/IPA (1): S. 140/141; Ferdi Kräling (7): S. 13, 27, 29, 43, 56/57, 110/111, 134/135; Sports News (3): S. 32, 38/39, 44; ASPL (2): S. 150, 151; Phoenix-GP-Office/PR (2): S. 153, 156/157; Daniel Reinhard (1): S. 92/93; Jimmy Froideveaux (1): S. 126; Gerd Krämer (1): S. 145; Karin Sturm (13): S. 11, 22, 23, 64/65, 108, 109, 123, 129, 142, 143, 149, 151, 156.
Druck und Bindung: Offizin Andersen Nexö GmbH, Leipzig